随筆集

# ふるさとの春

髙尾通興

# はじめに

雨が落ちてきたらしい。水面にはポツーン、ポツンと大小の波紋。なんの変哲もない現象だが、妙に気にかかることがある。それを契機として思考が芽生え、感情を伴いながら展開する。

こうした心の動きを書き留めようとしたのが五十路に差し掛かるころであった。『関西文學（休刊）』に発表する機会があり、そのときのものを五編収録し第一章とした。読み返してみると文章に蛇足が多く、稚拙で羞恥に耐えない。けれども当時の心境を垣間見ることができ、自分にとっては貴重なものとなっている。

その後、ある方の紹介により岡山県エッセイストクラブ（ＯＥＣ）に入会した。初めて書いた新聞エッセイ。不特定の目に留まるという恐怖のようなものを味わった。第二章では山陽新聞（夕刊）と毎日新聞（岡山県版）に発表したものを、掲載されたものではなく手元にある原文を載せた。（編集の都合上、ＯＥＣの『ふるさと再発見エッセイ集』から五編を追加している）。

現在はＯＥＣ名誉会長の柳生尚志先生に声をかけていただき、主宰されている「サードの会」に参加。おかげで書き続けることができ、また新しい方達との出会いもあって先生には深く感謝している。

後半はそれらを中心に未発表のものをまとめた。ほとんどが原稿用紙三、四枚のものだが、数が多いので二つの章に分けている。

最後にOECエッセイ集『位置』掲載の五編を加え一冊の本にした。

見栄えがするように、表紙は知り合いの画家に頼んではどうかとの助言を頂いた。だが、初めてのエッセイ集のため敢えて自作した。次回、出版の機会があればそのようにしたい。

編集して気付いたのが、過去を振り返る場面が多いことだ。もっと現実を見なければと反省しきりである。とはいえ、現在は過去の積み重ね。エッセイを両者の結節点と位置づけすれば、やむを得ないのかなと思う。要するに、書きたいことを書けばよいと自分に言い聞かせているのだ。

昔より因幡に伝わる流し雛求めて偲ぶふるさとの春　　幸子

思いがけず母の遺作が見つかった。母のことはよく知らないが、それでも病床で古里を追憶する姿が浮かんでくる。せめてもの思いとして「ふるさとの春」を題名にした。

古里に春があるように、心にもそれらがある。いつの日かそうしたものを求めてページを開くことがあるかもしれない。そのとき自分は、どんな状態であろうか。

平成二十九年九月

# 目次

## 第四章



## 第五章

# 第一章

# 老い入れ

細い、霧のように細い雨だった。それでいて雨量は多いのか、少しでも外にいるとジットリ濡れてしまう。無限の天空から落ちてくる銀の糸は意外と暖かい。

雨を避けて家へ入り、いつものように縁側に腰を下ろす。そして濡れた顔をタオルで拭いながら庭を眺めていた。

二本ある梅の木は雨の洗礼を受け、白く濡れ輝いている。その梅はどういう理由か、片方の葉は黄色く色づいているのに、もう片方は青々としている。それでも雨は同じように降りかかっていた。

やがて雨は大粒のものが混ざり、音を立てて落ちはじめた。霧雨だと音がしない。それが少し大きくなると音がする。多分、雨と雨が激しくぶつかるせいであろう。それでは梅の葉に当る音はどんな音？　わざわざ確かめることではないが気にかかり、顔を出して確認する。耳を澄ますといろんな雨音が飛び込んできた。漫然と聞いておれば同じに思えても、よく聞いていると異質の音が混在している。水滴の質量と落下場所によって音が異なるのは当然であるが、それが新たな発見のような錯覚にとらわれる。

雨は梅の葉に当っている。絶対に特有の音を立てていると確信しても、どんな音かここからでは聞き取れなかった。そのうち大きな雨粒が直撃したらしく、一枚の色づいた葉が垂直に落下していく。十分に湿っているため、大気中では物理の法則に反して落下速度が速い。晴天であればヒラヒラとゆっくり舞い散るはずだ。このように同じ木で寿命を終えても、地上に到達するには差異がある。もし葉に思考力があれば、その差をどう考えるであろうか？　自分を育てた母木の滋養となるため、腐葉土に転化する最後の瞬間である。数秒に満たないその「時」は、一生を回顧する時間でもある。陳腐な表現をすれば、走馬灯のように記憶がかけめぐらなければならない貴重な瞬間なのだ。それでもこのような差がついてしまう。

同じ種類の木でも環境が生育を決定する。大抵の木の葉は存分に日光を浴びて成長し、最後は艶やかに空間を漂いながら地上へ到達する。かと思えば、あるものは大半を日陰で過ごし、紅葉という衣装替えを楽しむ間もなく散ってしまう。若葉のときでもそうであった。虫に喰われるものがあれば、消毒を受けて無傷のものがある。それでも同じように色づき、人々の目を楽しませ、晴れの日に落下する。しかし雨の日に散っていくものもある。また可燃ゴミとして掃き集められるものがあれば、設計どおり腐葉土と化すものがある。いくら運命といっても、せめて最後くらいは平等に散るべきであろう。

徐々に人間の一生が重なってくる。近づいてくる老い入れ期の年代を考えると、はかなさは深刻さに変化していく。一体、老人とはどの年代をいうのであろうか？　それは誰にもわからない。何故なら、人それぞれに環境や人生観が異なるからである。だが、いずれ「老人」になることは間違いない。そのために「老い入れ」という準備段階が存在することは確かなのだ。それを悟られることは幸せである。何故なら老い入れ期を知ることなく、ある日、突然に老人になるかもしれないからだ。気が付けば独り病室のベッドの上ではあまりにも悲劇である。したがって、それを避けるため、人は急に運動を始めたり、文化教室へ通おうとする。いわゆる老い支度の一環であろう。本能が老い入れ期を悟り、無意識のそのような所作を行わせるのである。人生、波乱万丈であっても、散り際は十分に遊泳を満喫しなければならない。

どれくらいたったであろうか、雀の鳴き声で我に返る。いつの間にか雨は止んでいた。しかし空はまだどんよりとしている。梅の木を見ると、奇妙なことに青い葉の一枚だけがヒラヒラと動いている。無風であるのに、それだけが動いているのだ。中学時代の国語の試験に、こうした現象を書いた随筆が出題された。当時住んでいた家は、生垣に隣接して大きなクチナシの木があった。そこでよくこの光景を目撃した。その度に近寄って確かめてみたが、何の変化も見いだせず不思議に思っていた。それが試験問題で解決されたのである。だが今となってはその理由を思い出せない。そのころの驚愕の答えであったのに思い出すことができないのだ。だいいち、そのように驚愕すること自体、加齢とともに消え去っている。ようやくハイハイをはじめた赤ちゃんが、眼前に広がる初めての世界に驚愕し、手当たり次第に口に入れて確かめる。そうした新鮮さは、余りにも多くの体験という既知によって色薄められてしまった。

私はこの世で何十年と生活している。既に抗体が出来ているため、少々の現象では、驚愕や好奇心に感染することはない。しかしその抗体も完璧ではなく、徐々に弱まってくるものだ。その隙をついて再び体内へ侵入してくるのではないかと考えはじめた。例えば、たった一枚の葉でも驚愕の感染源になり得る。落下速度が、その日の天候によって支配されるのだ。それはごく普通の自然現象である。しかしそれを意識することが小さな驚愕となり、新たな発見となった。この発見が老い入れ期の活力剤になるかもしれないのである。だが、いつまでこの縁側で悠々と過ごすことができるであろうか。もしかするとベッドの上で真っ白な天井をじっと見つめているかもしれない。かすかな不安がわき上がってくる。

職業柄、寝たきりの御老人をよく見かけた。ベッドの上でじっと天井を見つめ、身じろぎ一つしない。自己の意識が有るのかどうかも分からない。一生を世のために貢献してきた人なのである。それが何の因果か最後はこの有様である。目は遠くを見つめている。きっと自分のお気に入りの、日のよく当る場所へ帰ることを夢見ているのだろう。再び帰れるという保障はどこにもないのに。虚ろな目を見る度に、私は目をそらせてきた。何のための人生だったのかと疑問が起こってくる。そして自分だけは絶対こうならないようにと老い入れ期を意識する。と同時に、それが利己主義だと気づき、あわてて否定する。それでも社会に迷惑をかけないためだと、自分に妙な納得をさせてしまうのだ。

自己嫌悪に陥りながらも本心は隠せない。私はロボットに介護されてもよい。例え寝たきりになってでも好きな場所で過ごしたい。そしてこの縁側で、いつまでも小さな世界を見つめたいのだ。こう望むのは当然の心理であろう。

再び不安がよぎる。それを打ち消すため庭へ出ると、僅かに落ちている落ち葉を集めて木の根元に置いた。まだ落下していない黄葉した葉の先端で、水滴が落ちかかっている。必死で表面張力を使い球形を保とうとしているが、重力はそれを涙滴型に変えていた。それでも暫く争っていたが、ついに耐え切れず雫となって落下していった。

確かに水滴はかすかに音をたてたはずだ。しかし何も聞こえてこなかった。

再び細い雨が落ちてくる。いくら聞き耳を立てても雨音は聞こえない。それほど細い雨だった。

# 小鳥の来る庭

庭の梅がほころぶと、今年もメジロがやって来た。早速、ミカンとリンゴを枝に刺しておくと、それを目当てに毎日やって来る。暖かい日にそっと洋間のガラス戸を開ければ、可愛らしいさえずりが楽しめる。まるで庭が鳥かごのようである。

或る日、ふと気がついたのだが、どうもメジロはヒヨドリの領域を犯しているらしい。多分、食生活が類似しているからであろう。メジロが餌をついばんでいると、威嚇の声とともに急降下して追い払う。

このヒヨドリは漂鳥かもしれない。夏でも時おり見かける庭の住人である。それがメジロの季節には厄介者となる。というのは、ヒヨドリは図体が大きく力があるので、枝に刺した餌を突き落としてしまうからだ。以前、それを求めて地上に降りたメジロが、近所の猫に襲われたことがある。そのため気がつくたびに拾い上げている。それなのにまた落としてしまう。私はすっかり困り果て、何か良策がないものかと考えあぐねていた。

夜勤明けの午前中、この日もメジロとヒヨドリの攻防を眺めていた。ヒヨドリはメジロが採餌していると、何処からともなく出現する。メジロは瞬く間に逃げ去るが、ヒヨドリが飛び去ると、いつの間にか帰って来る。庭ではそれが、日に何度も繰り返されていた。

柔らかい日差しの中で、焦点の定まらぬままそれを眺めていると、心地良い睡魔が襲って来た。勿論、私が期待しているものだが、それなのに三〇分も眠れば目覚めてしまう。もっとも夜勤といってもいくらか仮眠をとっているので、少々眠れなくても支障はない。それと困ったことにボンヤリと無意味な時間を浪費するようになっている。これも老化現象の現れであろうか。

そんなことを考えていると、黒い影が目前を疾風のごとく横切った。同時に一周りも二周りも小さい黄緑色の物体が、それ以上の速度で散り去っていく。私はその光景に、いつの間にか自分の境遇を重ねていた。

今では午前中に職場を一歩離れると、仕事を完全に忘却する習慣がついている。そして家族と再会する夕方までの半日、それが私の貴重な空白の時間となっている。その空白は決して誰にも邪魔されることなく、自分の意思だけで埋めることができる世界である。

四季を求めて自然を彷徨い、気がつけば里山にいる。雨の日は古代史の文献を紐解き、また気の向くままにショパンを傾聴する。晴天が続けば家庭菜園を気にかけ、天候を憂える。取るに足らぬ事象であっても、そのときの感性によって感傷に浸る。それを勝手に風流に位置付けしようとする。そして夕方になると一家の主として生活に復帰する。私はいつの間にか、この二つの世界で暮らすようになっていた。だがそれも四年を迎えると慢性化し、無意味に過ごすことが増えてきた。あれほど喜び充実した日々を過ごしていたのに。

今、私は空白の時間にいる。それなのに現実の世界に引き戻されている。メジロを自分に、ヒヨドリを職場の権門に例えているのだ。無能さと価値観の違いから権門に入りきれず、逆にメジロのように追いまわされていると。確かに理想の世界に比重が傾き、日増しに無気力になっているのは事実だ。このままでは本当に木偶のままで終わってしまう。自衛本能が働き、再起しなければと軽い焦燥感にとらわれる。それを放逐するため、近くの低山を登り体力を消耗した。

帰宅して庭を覗くと、丁度ヒヨドリが飛来していた。嘴が突き刺さるほどメジロに接近して追尾。力の差は歴然としている。それなのに徹底して追い払おうとする。そんなヒヨドリに、急激な憎しみがこみ上げてきた。それは無意識に存在する、やりどころのない怒りであった。

ヒヨドリの攻撃は日増しに激しくなった。それも例年になく執拗で激しい。メジロが近づくと重戦闘機のように追撃していく。私は思いついて、用済みになったモルモットの飼育かごを取り出した。その入口をメジロがやっと入れるほど開け、中に輪切りのミカンを置いた。これだとヒヨドリは入ることが出来ない。もっともメジロとて警戒して入るとは限らない。

ヒヨドリが去ると、直ちにメジロが現われた。かごにとまると付近を警戒しながらミカンを狙う。メジロはかごの側面を伝っていると入口を見つけた。果たして中へ入るものか、緊張の一瞬である。ところがメジロは私の心配をよそに、何の躊躇も無くスルリと飛び込んだ。

複雑な心境に陥る。少年時代に似たような方法で雀を獲ろうとした。しかし雀は何度やっても絶対に罠に入ることはなかった。それなのにメジロは……。もし私が入口を閉じる仕掛けをしておけば、それで一巻の終わりなのに。

その後も攻防は続いた。ただヒヨドリはかごの中に入れない。実直に縄張りを死守するだけである。メジロが逃走すると梅の木にとまり、しばらくキョロキョロと様子を伺う。そのため私はヒヨドリをジックリと観察する機会を得た。

鳥は、絶対に表情を作れるはずがない。ところが今、ヒヨドリは頭の毛を逆立たせ、目を見開いて怒り狂っていた。五条大橋で、牛若丸にからかわれる弁慶を彷彿させる、滑稽で大間抜けな表情であった。憎しみより笑いを誘うものである。それを見て私の憎しみは、いつの間にかその無能で単純そうな表情に同情していた。よく考えると、メジロは何度追い払われてもその間隙をぬって来る。ヒヨドリの愚鈍さを見抜き、その行動を見透かす小賢しさを持っているのだ。それに餌を得るためには、何の抵抗も無く籠に飛び込む大胆さがある。逆に、縄張りを守ろうとして、手玉に取られるヒヨドリの方が哀れである。

メジロは世渡りが上手い。美しい声と外見で人を惑わす。しかも狡猾だ。そのうえ恥じも外聞もなく目的を達成する厚顔さを持ち合わせている。小心で要領の悪い私には、絶対に出来ない才能だ。そんなメジロになれる訳がない。むしろヒヨドリであろう。いやそれも違う。私は、大きな鳥の陰に脅えて手も足も出ず、じっと陰でおこぼれを待つ哀れな飢えた小鳥に過ぎないのだ。

ふと見ると、ヒヨドリが梅の木にとまり、庭の監視を始めた。私は習慣的にガラス戸を開けると両手をパチンと鳴らし、それを追い払った。

私は小鳥ではない。人間である。理性がある。現実に復帰しなければならない。復帰するのだ。

# 午後二時の影絵

初冬になると暖かい日もあれば、季節を実感できる寒い日もある。今日はその暖かい日らしい。夜勤明けの仮眠から目覚めるともう昼近かった。朝食を兼ねた早い昼食をかき込み、コーヒーを片手にぼんやりと庭を眺める。窓越しに差し込む日光は、遠慮なく居間の奥まで入ってくる。その替わり、午後になると庭は隣家の陰になる。だがその影も、決して居間まで届くことはない。

僅かに残った梅の葉が、ハラリと落ちて行く。ほぼ真下に落下するため、無風状態だと分かる。外はきっと暖かいのであろう。そう考えると、急に散歩したい誘惑に駆られた。それなのに体は意思に背いて一向に動こうとしない。暫く両者は争っていたが、決着が着きそうになかった。そんな中で私は第三者を装い、定まらない視線を庭に送っていた。

どのくらい経ったであろうか。つい、居眠りしたらしい。顔面に当る日光で目が覚めた。顔をしかめながら、光がやって来る庭の方向に目を向ける。するとその時、不思議な光景が浮んでいるのに気が付いた。日影になったブロック塀に、光の画面が映し出されているのだ。日常起きる現象であろうが。今まで意識したことの無いものであった。それは縦、横六〇センチメートルほどの四角形であり、丁度、鏡を反射させたようになっている。そして画面には見事としか言いようのない樹木の枝が、影絵のように映っていた。

小枝は複雑な方程式で屈曲し、美的感覚を損なわないように最適な間隔で張り出している。恰も天才画僧の描いた水墨画の如きである。しかし俄に疑念が生じてくる。ここは荒地のような庭である。どこを捜してもそのような樹木が存在するはずがない。それなのに私の眼前で幻灯のように照射されているのだ。好奇心は無条件で意思に味方した。しぶる肉体に一撃を加えると、ゆっくりと私を立ち上がらせた。

庭へ出ると画面へ近づき、光がやって来る方向に目を向けた。逆光に目を細め光源を模索する。だがそれは拍子抜けするほど呆気なく解決してしまった。何のことはない。犯人は二階の窓ガラスであった。ガラスは太陽の光を受け、橙色に近い黄色に染まっている。それがブロック塀に反射していたのである。時刻によって入射角と反射角がうまく整合したに違いない。これで光源は解決できた。次は、問題の被写体である。私はその正体を突き止めようと、光線の角度を追っていく。

視線をブロック塀の近くにある梅の木で止めた。光源から推測すると、その可能性が高い。けれどもその不恰好な樹形は、どの部分をとっても相当かけ離れており、まず対象外であろう。と思ってもそれを証明するには、可能性を否定することが必要条件である。私は影絵と枝を比較する作業にとりかかった。そのために右手の指をキツネの形にして、光線にかざしてみる。キツネは拡大されて見事な影絵になった。障子に映ったものと全く同じである。当然といえば当然であるが。

私はキツネを移動させながら、画面の枝に重ねていく。そしてついに判明した。しかしそれは余りにも予想外で、とても信じがたいものであった。該当する枝は、それほど貧相で不細工なものであった。何度も何度も確認してみたが、それは心理を補強する結果としかならなかった。私は失望に近い衝撃を受け、しばらく呆然とした……。やがて気を取り直すと、じっと枝をみつめる。この貧弱な枝のどこにそのような美が秘められているのだろうか？　もしかすると日光はエックス線かも知れない。きっとレントゲン写真のように、外面ではなく内面を写しているに違いない。内面の美を具象した究極の美を投影しているのだ。そう結論付けるとようやく感情が納得した。

もし人間の内面を照射したらどうであろうか？　ふと考えて、自分自身に当てはめる。私は小心で欲深い人間だ。内面を照射されれば絶対に困る。外観はうまく取り繕おうとするが内心は違うのだ。たった一日のことでも照射されたくない。所詮、小人なのである。

その点、自然は違う。真実の姿を現している。それどころか、外観の美しさよりも内面の美しさを、ごく当たり前に出している。外観による価値判断をさりげなく否定しているのだ。自分は少しでもそれに近づきたい。近づかなければならない。たった今から努力しようと本気で決心する。

居間へ戻るとコーヒーをすする。完全に冷めていたが美味しかった。

私はもう一度その画面に目をやった。太陽が移動し、画面の角度が変化している。それでも影絵の素晴らしさに変わりはなかった。やがて一〇分もするとその画面は消失してしまった。時計の針は午後二時を指している。

翌日、出勤する。職場に入った途端、現実の世界に引き戻されていた。条件反射的に組織の一構成員になっているのである。そして慢性的な勤務の中で上司の顔色を窺う。内面では腹が立っても、保身のため表情には出すことはなく愛想笑いを浮かべている。また平穏に業務を遂行しようと、自己主張の強い相手には迎合した振りをする。昨日の「内面の照射」は綺麗に忘れ去っているのだ。それは単なる理想であり、幻灯機の世界であった。私は社会の中で生きていかなければならない。そんな一時的な浮ついた理想は、何の役にも立たないことを熟知している。

花瓶に入れられた真紅の薔薇が美しい。しかし何故か影は映っていなかった。

何気なく時計を見ると、午後二時であった。

# ヤモリ来る日々

カタァンという小さな堅い物音が、玄関辺りから聞こえてきた。思わず身を固くする。七月中旬のことである。夜八時を過ぎてもまだ暑い。私は洋間の掃き出し戸を開けて網戸にし、ちょっと恐怖系の本を読んでいた。家族は誰も帰宅していない。そんな中で静寂を破る不気味な物音は、小心者の不安を十分にかき立てた。何か落下したようだが、玄関にはそのような物はない。しばらく耳を研ぎ澄ましても、何も聞こえてこない。不審者？　それとも物の怪？　まさか……。不安が募り、どうしようもなくなって重い腰をあげた。玄関へ行くと三和土に目をやる。脱ぎっぱなしの履物が散乱していたが、それはいつもの整然とした散乱である。ビクつきながら、ゆっくりと視線を周囲に配る。そして、それが足下に来たとき思わず苦笑してしまった。そこには三つ四つ、椿の種が転がっている。大きく安堵の息を吐く。これで謎が解けた。全く思いもかけないものであった

先日から玄関の床に花瓶を置き、椿を投げ入れていた。この時期のものは、うっすらと赤みが差し、ピンポン球より一回り小さい青い実がついている。それが、光沢を持った濃緑色の葉と相まって、花とは違った趣を感じさせる。よく見ると、そのうちの一つに、三つの花弁状に開いているものがあった。実が弾けて、堅い種が飛散した残骸だ。あの奇妙な物音は、種が床に落下し

た音だったのである。

　拍子抜けして洋間に帰りかけ再び驚いた。玄関の引き戸を見ると、そこには一匹のヤモリがへばり付いていた。私はたいていの人と同じように爬虫類は苦手である。少年の頃の記憶が甦る。近所のおじさんが腫れあがった手を見せ、無花果を取っていてヤモリにかまれたと話してくれた。今思うにヤモリは無毒なので、おそらく蜂に刺されたものであったろう。だがその一言で、ヤモリに対する恐怖心を刷り込まれていた。もっとも、今ではある程度の抗体ができあがっているのだが。

　そのヤモリはずんぐりしており、少し不格好に見えた。それもそのはず。尻尾がないのだ。敵にやられたらしい。多分、それは再生するのであろう。しかし元には戻らないと思う。以前に何かの文献で読んだのだが、完全には再生するとは限らないそうだ。そんな記憶をたどりながら洋間へ入り、まさかと思うが網戸を見ると案の定そこにヤモリがいた。吸盤役（指下板）の指は、網戸でもくっつけるようだ。私は怖さよりも好奇心に惹かれ、距離を取って観察した。全長は一〇数センチメートル、お腹側は薄い灰色系で、背中は見えないがそれより濃い色だろう。

　網戸には、数ミリメートルほどの小さな蛾の仲間が何匹か止まっている。その一匹をじっと狙っていた。やがて片足を少し動かすと、腰をくねらせながら獲物に近づく。ところが、自分の体長と同じ距離でピタリと止まると、そのまま動こうとはしない。間合いを計っているのか、キジを見つけた猟犬のごとくである。捕食の瞬間を見ようと、暫くそれを眺めていたが一向にその気配がない。あきらめかけた頃、ようやくチョコチョコと這って、パクリと蛾をくわえた。獲物は口から半分はみ出ているが、上手にそれを飲み込む。そして網戸の桟へ移動すると、体を半分網の部分に覗けて再び次の獲物を狙う。蛾は適当な間隔を置いて飛来してくる。それでも私の観察範囲では、五回に一度は逃げられている。やがて帰宅した妻にそれを教える。彼女は一応怖がるが、私より遙かに近い距離から興味深げに眺める。おまけに獲物に逃げられたヤモリには、「お馬鹿さんね」と、声をかけている。

それから毎夜、玄関と洋間にヤモリが出没した。ヤモリの尻尾も徐々に長くなる。そのうち玄関にはもう一匹の、体長が一回り小さいものが出現した。お互いに微妙な距離をとっており、喧嘩することもなく共存している。

九月に入ってもヤモリはいた。玄関のはというと、尻尾は一般的なものと較べて半分くらいの長さになっていたが、それ以上は伸びていない。やはり完全な再生はあり得ないようだ。そんなある日、夜遅くになって妻が帰宅することがあった。そして玄関に入るなり大声で私を呼んだ。何事かと駆けつけると、ヤモリが家の中にいるという。私はうろたえながら妻の指さす方を見ると、引き戸に小さいのがへばり付いている。間違いなく玄関の内側である。どのようにして屋内に進入したかを考える暇はない。夜中に布団の上を這い回ったら、と考えるだけで鳥肌が立つ。家族に爬虫類恐怖症であることを悟られてもよい。とにかく追い出さなければならない。妻に箒を持って来させると、穂先を使って夢中で引き戸を叩く。ヤモリは驚いて落ちてきた。それを飛び上がって必死で避ける。横で見ていると、さぞかし滑稽であろう。ヤモリは床へ這い上がると、廊下の隅をクネクネと体を振りながら恐ろしいスピードで逃げる。そして、敷居と廊下の角になった部分へ身を寄せて止まった。隠れたつもりらしい。洋間へ逃げ込まれたら困るので、私は玄関へ追い出そうとして近くにあったプラスチック製の棒で直近の床を叩いた。

悲劇は起きた。ヤモリを叩く気は毛頭なかった。脅かそうとしただけである。それなのに偶然とはいえ、狙い澄ましたようにヤモリを直撃した。切れた尻尾だけがヒクヒクと動いている。妻は呆然としている私を横目に、それを箒で玄関に掃き出し用水へ投げ込んだ。急に、訳のわからぬ懺悔のようなものに襲われ、それが頭から離れなくなった。

若い頃には災害現場で、人の生死や惨事に直面したことがある。身の危険さえ感じることがあった。大げさに言えば、かいまであるが修羅場をみてきたのである。それに較べると、ヤモリの死など取るに足らぬことなのだ。

後日、妻はヤモリが玄関に侵入したからくりを発見した。玄関は引き戸であり、外側に五センチメートル間隔で、高さ一・五センチメートルの桟が入っている。開いたとき内側になる桟と桟の間にいると、開いたとき外側の戸に挟まれる。その隙に反対側へ移る。戸と桟の間には少し隙間があり潰されることはない。それを閉めると玄関の内側に入れるというわけだ。単純な手品のトリックである。

一〇月に入ると、ヤモリを見かけなくなった。おそらく冬眠に入ったのであろう。と言うことは、目覚めがあるということなのだ。そして夏の暑い夜に、再び引き戸にへばり付くはずである。そうでなければならない。再生、復活、再誕、新生、等々、同義語が無意味に体中を駆け巡る。

私は拾い集めておいた椿の種を、庭の隅へ軽く投げつけた。種は角度の狭い小さな扇丈に広がりながら落下していった。発芽するであろうか？

# 名無し猫

## 一

あれから、もう七、八年になるだろうか？　子ども達の夏休みが終わる頃であった。帰宅すると自転車を置くため、庭の自転車小屋へ行った。すると、そこに奇妙な物体が横たわっているのに気が付いた。猫である。それも体は痩せ細り、頭だけが異様に大きい。それゆえ、奇妙に感じられた。首には細い紐がつけられ、その一端は支柱に括り付けられている。不審に思って近づいても、目を閉じたまま微動さえしない。しかし、生きている証拠に胸のあたりが微かに上下している。私は大声で妻を呼んだ。

「薄汚い猫でしょう」

妻はやってくるなり、珍しく乱暴な言葉を使った。よっぽど腹が立つようだ。無理もない。大の動物嫌いなのである。事情を聞くと、当時、まだ中学二年生だった息子が拾ってきたとのこと。すぐさま呼びつけ問いただす。話によると、隣町にある雑貨屋の前で倒れていたそうである。それを店のおばさんが、可哀想だから家で飼うように勧めたというのだ。早い話、子どもを利用して厄介払いしたのである。いい加減な人だと、そちらの方に怒りが湧く。とにかく、家では飼えないから、すぐさま捨てて来るよう叱りつけた。息子は神妙な顔をしてコックリとしたが、一向に動こうとはしない。無言で拒否している。私もそうは言ったものの、この状態で捨てるのは気が引けた。やむを得ず、台所へ行くと発泡スチロールのトレーに牛乳を入れてきた。それを口に近づけてやると、猫は力なく目を開く。しかし、匂いを嗅いだその瞬間、瞳に生気が走った。力を振り絞って上半身を起こすと、下半身を横たえたまま夢中でなめ始めた。

その間、ゆっくりと観察する。紫がかった毛は、艶がなく薄汚れていても品がある。高級品種の雑種であることを示している。性別は、図体の大きさや面構えからして、象徴を確認する必要もない。喧嘩でやられたのか、両耳の付け根が化膿している。目尻のあたりも傷ついている。それにしても衰弱が激しく、このまま放置するわけにはいかない。仕様がないので、自転車小屋に一晩だけ泊めることにした。そこだと何とか雨風を避けられるだろう。側に、捨てるつもりの古机を置いてあった。その上に段ボール箱を載せると、両手で薄汚れた肩あたりをつかんで持ち上げた。猫は抵抗することもなく、だらりと身を任せている。軽い。それを段ボール箱に入れて紐を解いた。夜の間に立ち去っていることを期待したからだ。それらの作業を終えると、石鹸で何度も手を洗った。

翌朝、目覚めると自転車小屋へ行く。案の定、猫はいない。ほっとして家へ入ろうとすると、頭上から低いかすれ声が聞こえた。驚いて見上げると、机の横にある簡易物置の上に猫がいた。じっと私を見つめている。そこから机までは、高低差で五〇センチメートル、直線距離で一メートルはある。危険を避けるため、より高い場所へ避難していたのだ。どこにそのような体力が残っていたのだろうか？　恐るべき動物の本性である。猫はゆっくり身構えると、机までの距離を測り始めた。だが、老人のごとく体と意思が噛み合わず躊躇している。しばらく机を注視していたが、ようやく思い切ってフッと飛び降りた。それは若者のように身軽であった。そして私を見上げると、食べ物をねだって口を開く。が、声は出なかった。再び衰弱した猫となり、そのまま机に横たわった。

夕方、帰宅したとき猫は机の上で寝そべっていた。私に気づいて目を開けると、朝のように口を開く。僅かにしわがれ声が出た。帰宅途中に購入した、一番安価で量の少ないキャットフードを与える。猫はしばらく匂いを嗅いでいたが、やがてボソボソと食べ始めた。この調子だと、数日もすれば回復しそうだ。それから捨てればよい。そんなことを考えていると、いつの間にやってきたのか傍らに妻が立っていた。言いようのない顔をしている。私を非難していることは間違いない。

二

猫は、翌朝も簡易物置の上に居た。私が近づくと飛び降りてくる。まだ弱々しい。今日は休日だったのでドラッグストアーへ行き、消毒薬と傷薬を買ってきた。スプレー式のものだ。それを向けると、不安気に見つめる。これでは噴霧すると目に入ってしまう。そこで一計を案じて、猫の頭をポカリと叩く。猫は反射的に目を閉じ耳も伏せた。すると思惑通り、耳の傷が丸出しになった。素早く消毒薬を噴霧する。沁みるのか、身を縮めた。それをもう一度叩いて、次は傷薬を吹き付ける。さすがに三回目は逃げようとしたが、引っかかれることもなく治療が終わった。

それから二日ほど様子をみたが、快方に向かう様子がなかった。その代わり体力はかなり回復し、そこら中をノッソリ、ノッソリと歩き始めた。

「いつまで飼うの？」

妻が不満そうに言う。そう問われても困ってしまう。こちらとて、どうしたものかと考えあぐねているのだ。とりあえず、治癒するまでと曖昧に答えておく。しかし一向に治る様子がないので、ついに動物病院に連れて行くことにした。妻は何も言わずにお金をくれた。

「この子の名前を教えて下さい」

受付で助手の若い女性が言った。事情を話し、名前のないことを告げる。

「決まったら教えてくださいね」。愛想よく言う。診察室へ入ると、やはり愛想のよい獣医が猫の容態を訊ね、おもむろに耳を調べ始めた。顕微鏡なども使っていたが、やがて綿棒のようなものを取り出し、それを耳の中へ入れてこね回した。猫は初めて大きな叫び声をあげた。

獣医は治療を終えると、引っ掻いた傷が細菌に感染したもので、すぐ治ると説明した。受付で抗生物質と目薬を貰い、治療代を支払う。高額を覚悟していたのだが、予想したよりはるかに安かった。この分だと妻に小言も言われず、安心して治療できる。と思ったのも束の間、しばらくの通院が必要となり、それも一回の治療代が二千円近くかかった。それが一日に一度だから結構な物入りである。初診料の安い意味が理解できた。貧乏猫め！　ののしる。

「名前は決まりましたか？」

「まだです」

「いいですよ。急ぎませんから」

それが挨拶となる。名前？　そんなもの必要はない。そのうち捨てるのだから。

治療は二週間以上かかった。おそらく藪医者に違いない。それとも故意に治療を長引かせているのか疑いたくなる。とにかく猫は元気になったが、その割には動作が鈍く、何をしてものっそりとしている。見方によっては貫禄があるといえるのだが、どちらかといえば横着猫と呼ぶ方がふさわしい。特に目つきが悪く、泥棒猫を連想させる。とても飼う気になれるものではない。かといって今さら捨てるわけにもいかず、躊躇している間に時間だけが経っていく。そうした中で不思議なことに、妻は猫について何も言わなくなっていた。

三

数か月もたつと、猫はすっかり元気になった。日光浴ができるように、机を玄関横に移動していた。居心地が良いのか、いつも昼寝ばかりしている。布製の猫ハウスも買った。キャットフードの「大」も「猫の草」も買った。猫トイレも上手に使うことができたが、歩き回っては近所迷惑なので、紐でつないでおいた。このため、散歩させるのが私の日課となっていた。しかし散歩を始めると、四、五メートルも歩くと立ち止まり、どう言う意味か分からぬが尻尾をピンピンと振る。それを無理やり引っ張ると渋々歩き出す。が、すぐ立ち止まる。犬だと嫌な場合、お尻を地面につけ前足で突っ張る。だが、この猫は横倒しに寝そべってしまう。それを腹立ち紛れに引っ張ると、道路上を滑っていく。残酷に思えるが、猫の体重からして体が損傷することはない。

ところが当の猫はというと、目を閉じて恍惚としている。そのわけはすぐ分かった。アスファルトの道路上には砂状の微粒子が有った。したがって、その上を体が滑るということは、手足の届かないところを掻いてもらうのと同じことであった。試しに引っ張るのを止めると、寝転んだまま不満そうに私の顔を見る。

それから二か月ほどたったころ、また耳の付根が化膿し始めた。後ろ足でよく掻いている。再び、動物病院へ連れて行く。

「名前は決まりましたか？」

いつもの助手が尋ねた。まだです、と答えるとクスリと笑う。本当は密かに付けていた。「ニャンニャン」である。しかし、とても恥ずかしくて口には出せなかった。

今回は治癒が早く、二週間もかからなかった。そんなある日、妻が妙なことを発見した。与えているキャットフードに、好き嫌いがあると言うのだ。どういうことかというと、ペレット形と魚形のものが混在しているのだが、魚形のものを先に食べると言うのである。そんな馬鹿な！と思ったが、どうもそのようである。キャットフードに口をつけると、素早く頭を振っている。よく見ると、確かにペレット状のものを口で跳ね飛ばしていた。

またある時、ちょっとした出来事が起こった。小さな野ネズミが洋間に入り込んだのである。頭から尻尾の先まで七、八センチもない。それを見つけた妻の悲鳴を合図に、大捕り物が始まった。ドアを閉め、床の隅や物陰に隠れようとするのを、箒で追い出しては追いかける。ネズミは部屋中を逃げ隠れしたが、そのうち偶然に紙袋の中へ飛び込んだ。袋のネズミである。すぐさま口を閉じる。そして外へ逃がそうとして、あることを思いついた。ニャンニャンの反応を試そうとしたのである。外へ出ると、不可解な笑みを浮かべる妻と一緒に、猫の顔へ紙袋をくっ付けるようにして開く。ニャンニャンは興味を持ったのか、いつものゆっくりとした動きで覗き込む。次の瞬間、妻が本気で悲鳴をあげた。頭を突っ込んだニャンニャンの口から、ネズミの頭と尻尾がはみ出していたのだ。野性の目をしている。

それから暫くして、ついに大事件となる前触れが訪れた。

ご多分に漏れず、雄猫の性が発揮され始めた。夜になると、発情期独特の鳴声をあげる。これには閉口した。雄猫を去勢する意味が、この年齢になって初めて理解できた。動物病院へ連れて行く。

「名前は決まりましたか?」助手が尋ねる。否定すると、何がおかしいのか、いつものようにクスリと笑う。手術が終わると経過観察のため、一晩入院することになった。

翌日、私は当直だったので、代わりに息子と妻を引き取りに行かせた。息子は全く猫の世話をしないが、母は猫に触ることができないから一緒に行くようにと言い含めておいた。その次の日、帰宅するやいなや妻が深刻な顔で話し始めた。ニャンニャンが猫白血病にかかっていると言うのだ。手術のため血液検査をして、猫白血病に感染していることが分かったらしい。余命いくばくもないと告げられたとのこと。そっと猫の顔をみる。半年持つのだろうか? 不憫に思う。そんなことを知ってか知らずか、ニャンニャンは机の上で気持ちよさそうに目を閉じている。

# 四

一か月が過ぎたころ、玄関の外で、

「モモタ、モモタ」とささやく声が聞こえた。不思議に思って戸を開けると、妻が猫の頭をなでていた。ニャンニャンは気持ちがよいのか、じっと目を細めている。彼女は私の顔をみると、決まり悪そうに下を向く。モモタと名付けたことが恥ずかしいようだ。私はそれについては何も言わなかった。私とてニャンニャンなどと名付けており、お互い様なのだ。それよりも、あの動物嫌いが猫に触れていることの方に驚かされた。私の記憶ではこのような姿を、結婚してこの方、一度たりとも見たことがない。それは死が迫ったものに対する特有の悲哀からだろうか？　いや絶対に違う。同情なんかではなく、家族の一員として受け入れているからである。

やがて冬が近づいた頃、ニャンニャンは突然に元気がなくなった。キャットフードは全く食べないし、牛乳さえ飲もうとしない。みるみる衰弱する。動物病院へ連れて行った。いつもの助手がいたが、あきらめたのか名前を聞こうとしない。尋ねられたら「モモタ」と答えるつもりだったのに。おそらくカルテには名無し猫とでも記入しているのだろう。獣医はカルテをみながら、まだ生きていたのかと首をひねる。数日もたないそうだ。ところが、点滴をしたとたん、あっという間に生気を取り戻した。驚くべき大魔術である。家に着いたときには、普段の様子とほとんど変わらなかった。これが死に瀕した猫かと疑問に思う。間違いなく藪医者である。

## 五

それは、やはり見せかけの空元気であった。翌朝に水を与えると、一口舐めた途端、鋭い鳴声をあげた。舌や口内にできた潰瘍で、激しく沁みたのであろう。再びニャンニャンは口を近づけたが、決して飲もうとはしなかった。私は観念した。

死は予告なしにやってくるし、予告することもある。前者だと悲惨であるが、後者であっても同じようなものである。またそれが人であれ猫であれ、比較こそできないが自己との親密度により加減される。私の猫感は、もう遥か昔になる幼少期に形成された。飼い猫は全て雌の三毛猫（当然ではあるが）で、名前もすべてミケであった。猫可愛がりはしない。ミケは勝手に家を出入りし、寒ければ暖かい場所を見つける。柱を引っかいては叱られた。また麦飯に魚気があれば喜んで食べた。当然ネズミを捕まえるしトカゲもくわえて来る。逆さに落とせば宙返りし、満点の着地ができた。喉をさすればゴロゴロ鳴らす。元気がなければぼろ布で寝床を作ってやる。それが猫の飼い方であり、猫も満足していた。猫は家族の一員であり、過干渉されることもなく日常生活の中で共生し、信頼関係を構築してきた。それがこの世から消え去ったときは、ごく自然と深い悲しみに襲われたものである。

## 六

その日は元気でいたが、翌日はぐったりとする。そして点滴を受けると元気を取り戻す。やがてその間隔が徐々に短くなった。素人目にも限界が近づいたことがわかる。今や点滴を受けて、生きているだけの状態になっていた。ニャンニャンは死に瀕してやってきた。そして今は無理やり生を与えられている。偶然の事象により、飼い主が代わったばかりに寿命が一年半延びてしまった。それが良かったのか悪かったのか、誰にも分からない。レクイエムとともに、良心の呵責が自己の行動を正当化し始めた。

生あるものは必ず滅す。その間が人生であり、それを如何に生きるかが運命である。したがって、最初からそれが決まっていては困るのであって、自分で切り開くべきものだ。それ故に個々の人生が形成されてきた。ただ、最初と最後だけは創造主の意思に決定されなければならない。つまるところ、節理にはあらがえないのである。それに逆らおうとするのは人間の傲慢というものので……。確か、このように考えたと思う。

私は意を決した。その日は動物病院へ連れて行かなかった。翌朝見ると、眠った状態であった。そして正午前、予感がしてニャンニャンのところへ行く。目を閉じてじっとしている。体をさすってやる。安堵の感触が伝わってきた。それが最後の瞬間であった。

# 第二章

# 畳替え

退職を機に、畳の表替えをすることにした。三部屋の和室は、それぞれ、これまでの生活状況が刻まれている。散らかっている部屋は夫婦で働いた証し。忙しくて整理する間が無く、妻の教育関係指導書と楽器、私の作った帆船模型などがほこりを被っている。じゅうたんが敷かれた子ども部屋はまだ下の子が使用中。何も置かれてないのは夫婦の寝間である。

早速、畳屋さんに来てもらう。畳表が決まると、

「この畳べりはいかがですか?」と見本帳を開く。「畳縁」と書いてタタミベリと呼ぶ。タタミブチではない。この懐かしい語感に古い記憶が甦る。

「タタミのヘリを踏んではいけんよ」

団塊世代の私が四、五歳の頃、祖母からよく注意された言葉だ。畳は日常の礼儀作法を教える教育のスペースでもあった。

構って欲しいときは、わざと踏んだ。期待通り叱られる。調子に乗って障子に穴をあけると本気で怒られた。そんなときは、へりが擦り切れた畳に転がり大声で泣けばよかった。そうすれば、それ以上に構ってもらえた。畳は甘えの場所でもあった。

文字が読める年頃になると、畳に寝そべって少年雑誌を読んだ。人気漫画は友達と車座になる。

そして、それぞれが気に入った登場人物になり「ごっこ」遊びに興じた。

冒険小説に熱中し、探検家を夢見たのも畳の上である。一人で裏山に登ると、仙人が忍術を教えてくれるかもしれない。畳から立ち上がって戸外に飛び出した。

年齢とともに読書の分野も広がり、伊藤左千夫の『野菊の墓』に感動で涙を流した。それなのに、いつの間にか本とは縁遠くなっている。それに合わせて空想の世界さえ消滅してしまった。歳月は感情に抗体までつくったのか、今では少々のことでは動じない。

表替えした畳が届いた。特有の匂い、この感触。ちょっと手を触れると過ぎ去った日々が再生し、感動がよみがえる。

表面をなぞると畳べりに触れた。

夏が来たら畳に寝転がろう。エアコンはいらない。団扇（うちわ）を傍らに、思い切り本を読もう。

畳だけでなく、古くなった心の表替えをしたい。

# メバルのほっぺた

もう二十年以上も前のことだ。妻の実家がある直島（香川県直島町）で、義父に同行してよく船釣りをした。

義父は漁師でなかったが、一本釣で生計が立ちそうな腕前であった。一方、私は全くの初心者。このため私を気遣って、不本意ながら、いつも釣りやすい小魚を狙ってくれた。大物釣りの腕自慢には、さぞかし物足りないことだったろう。そうとも知らずに、左手に缶ビール、右手に釣り糸の殿様気分。

言われたとおりに糸を垂らすと、赤メバル（カサゴ）やアイナメが、面白いように食いついた。小さくても次々と釣れるので、筋が良いのでは、と勘違いする始末だった。

赤メバルは私の大好物である。それもほっぺたが。けれども、赤メバルは頭ばかり大きくて身の部分が少ない。だから、子どもの頃は、祖母が身だけを丁寧に取ってくれた。ほっぺたには骨がない。したがって、そこだけは唯一、ひとりで食べることができた。その美味しかったこと。加えて味わう、一人前になったような満足感。それが懐かしく、毎月のように家族一緒で直島へ出かけた。妻は妻で里帰りを、義父母はそれ以上に、三人の孫を心待ちにしていた。それはまた、家族の絆を強める機会でもあった。

やがて、釣りに慣れてくると、一つの疑問が浮かぶようになった。というのは、潮汐や魚種により漁場を変えるのだが、義父は地図も磁石も使わずに直行するからだ。尋ねてみると、船から見える山や特殊な建造物の形状で、自分の位置が正確に分かるとのこと。それを利用すれば、記憶の地図にある漁場へ到着できるそうだ。ヤマアテ、ヤマタテなどと呼ばれる伝統的な技法である。それは、民俗学関係の辞典でなければ載ってない特有の言葉でもある。

近頃では、ＧＰＳや魚群探知機などが普及していると聞く。けれどもヤマアテは、伝承と長年の経験により、体で覚えた知覚だ。その技術には驚嘆し、頭が下がる。それなのにいつまでも殿様気分で、何一つ受け継ぐことはなかった。私の記憶は白地図のままである。

孫たちが小学校にあがり、釣りに目覚めたころ。義父は既に鬼籍に入っていた。一緒に船から釣り糸を垂らすことを、どれほど待ち望んでいただろうか。

# 電車に乗る人

岡山市内へ用事ができて、マリンライナーに乗車した。車内は混んでいないが、何人かは立っていた。私も運転席の後ろへ立ち、飛び込んでくる風景を楽しむ。細い雨が窓ガラスにあたり、滴をつくっては次々と流れ落ちる。それにしても静かだ。様子をうかがうと、大半の人が携帯電話の画面に集中している。

岡山駅からは、路面電車を利用する。向かい合った乗客は無言のまま、窮屈そうに互いの視線を外していた。無理すれば座れるが、それを避けて前部の出口付近に立つ。雨はいつの間にかやんでいた。

信号待ちのため、電車が停留所近くで停車すると、

「傘を忘れていますよ！」と、後方から老女の大きな声。反射的に振り返ると、視線が一斉に私へ集まった。だが、それは自分のものではない。困惑して隣に目をやると、横の両替機で中年女性が両替をしていた。出口に立っているのは、私とその女性だけである。絶対、彼女のものだ。そう確信して、手送りされてきた傘を差し出す。すると、何かの事情で虫の居所が悪かったらしい。

「まだ降りません！　両替をしているだけです」と、つっけんどんな口調。険しい目つきで老女

を一べつすると、そっぽを向いた。気色ばんだ表情がとげとげしい。

近くにいた数人が老女の勘違いに忍び笑いする。ほとんどの人は気まずそうにしている。車内に重苦しい空気が漂い始めた。

彼女は、呆気にとられている私から、迷惑そうに傘を受け取る。そして不機嫌なまま老女の隣の席へ戻った。私は二人に会話があることを期待し耳を澄ましたが、何も聞こえてこなかった。

やがて停留所が近づくと「間もなく到着します」と運転手のさわやかなアナウンス。一呼吸おいてから、いかにも取ってつけたように、

「傘などのお忘れ物がないように」。その間を置いた一言に車内の空気が和む。場慣れした運転手が気を利かせたらしい。

残念ながら、当事者であるご両人の顔は見られなかったが。

# 診療所の片隅で

焼けるような痛みで目が覚めた。右手薬指に鋭い痛みが走ったのだ。夢かと思い、手を軽くグーパー、グーパーしてみる。痛い！　それに、この腱がひっかかる感じ。経験した腱鞘炎と似ている。ふとんの中で原因を考えるが、思い当たる節がない。一週間過ぎても治まらず整形外科診療所へ。

待合室は混んでおり、そのほとんどが高齢者だった。どこが痛くても苦痛なことである。膝をさする者、肩に手をやる人など様々だ。その無意識の仕草からホームズよろしく病名を推理していると、受診者の名前が呼ばれた。

前列の老女が、小さな声で返事をした。膝をさすってから杖を握り、立ち上がろうとする。膝が痛いらしく、なかなかうまくいかない。思わず手を差し出そうとしたとき、玄関から中年女性が飛んできた。体を抱くようにして介添えする。

「すまんなぁ、〇〇さん」と、申し訳なさそうに顔を見る。息子の嫁らしい。

「おばあさん、しょわねえ?」

笑顔で手を取ると、もう一方の手を背に添え診察室へ向かった。

順番が来る。

「腱鞘炎です。リハビリをしましょう」

診察を終えると、広いリハビリ室でレーザー治療を受けた。

会計を済ませ、玄関の靴箱へ行く。ちょうど私が靴を置いている場所を塞ぐようにして、老女と年配の看護師が話をしていた。靴がなくなったと訴えている。誰かが間違えたようだ。

「後で捜しておきますから、これを履いて帰ってください」

看護師は、うんざりしたように診療所のつっかけを差し出した。よくあることだし、患者が多くて忙しいのだ。それでも諦めきれないのか、

「青色の靴じゃけど」とつぶやきながら、再び靴箱を目で追った。困惑しきっている。背後に立っている私に気付くと、愛想笑いを浮かべて謝った。

「仕方ないなぁ。最後にどの靴が残るじゃろうか？」

恨めしそうに、もう一度靴箱をみる。小さな背が寂しそうだ。他人から見れば些細なことだが、本人にとっては一大事であろう。私は靴を履くと、そっと隠れるようにして玄関を出た。

五十足以上はある靴。最後に残るのはどれだろうか？　うまい具合に見つかればよいのだが。

# 鍵の首飾り

もうあれから四十年になる。私が二十代半ばの頃のこと。いつになく祖母に元気がない。すでに八十を超えており、年齢が年齢だけに気が気ではなかった。

祖母は親代わりとなり、私を三歳のときから育てた。二人だけの生活であり、この年齢になっても世話をしてくれた。

後日、人から聞いた話だが、気難しい孫の食事に腐心していたらしい。たとえ美味しくても、私がケチばかりつけるからだ。それでも満足させようと、時には徒歩で往復一時間かかる肉屋へも出かけた。近所で聞いて来ては、見たこともない八宝菜でも驚くほど上手につくった。

そのような祖母に、心では感謝していた。それでもアマノジャクは言葉で表わすことをしない。それどころか、不味そうに渋面する始末。

それが、ここ数日どこか様子が変なのだ。尋ねても、何とも無いという。職場にいても心配で落ち着けない。

そんなとき、出窓の隅に鍵が置かれているのに気がついた。不審に思って聞くと、

「あぁ、うれしい」

と喜色満面、私が戸惑ほどの歓声を上げた。それには理由があった。

祖母は近所の寺院で、お大師様にお参りすることが日課だった。声を出して孫の幸せと日々の健康を願っていたそうだ。何よりも一番の楽しみは、帰り道に茶飲み友だちと世間話をすること。これで料理の苦労も心配事も全て吹っ飛ばしていた。ところが鍵をどこかへ置き忘れ思い出せない。お参りどころか、買い物さえ満足に行けなくなっていたのだ。

それなのに、私に気兼ねして言えなかった。物覚えが悪くなったと思われたくなかったのだろう。体調を崩し、孫に面倒をかけることを極端に恐れていたのである。私は恩返しすることは当たり前と、ごく自然に考えていた。年寄りに優しい言葉が必要なことも知っていた。それなのに決して、口にすることは無かった。今では率直に「心配しなくてよい」といえるのだが。

私は鍵に紐をつけ首飾りのようにかけてあげた。私ができた、数少ない感謝の表現。祖母は袋にお供え用の生米と小銭を入れると、ニコニコ微笑みながら出かけた。美味しい料理を考えているのかも知れない。

摩り減ったぞうりを引きずる足音が、いつもと違って軽快に聞こえた気がする。

# 待ち遠しい朝

どういうわけか、その日は朝遅くまで眠っていた。小学生の低学年頃のことだ。住んでいた家は古くて、玄関を入るとすぐ広い土間になっていた。座敷とは細木で細工された飾りのある引き戸で仕切られていた。

目覚めると家中がシーンと静まり返り物音一つしない。じわりじわり、恐ろしさが忍び寄ってくる。おびえて起き上がると、開いていた引き戸から薄暗い土間が見えた。するとそこには不思議な光景が現れていた。屋根裏と土壁の隙間から、黄色い光が帯のように射し込んでいたのだ。その中で乱舞する無数のホコリ。

私は絵本や童話の挿し絵で見た、森の中を射す一条の光を思い浮かべた。気が付くと、いつのまにかサンタの帽子を被った小人さんや動物達と一緒に森を探険していた。お菓子の家を発見して飽きるほど食べたい。絵本で見た、まだ食べたことのないケーキやチョコレート。そのおいしさを想像するだけで満足であった。

明日も見えるのだろうか。夜になっても、その光景が頭から離れず目覚めるのが待ち遠しかった。まるで遠足の前夜である。

遠足の前の夜は、先生の言葉が暗示になり寝付けなかった。目が覚めると朝になっているから、眠らなければならない。子どもなりの理屈を考え、必死で目を閉じたものだ。お正月。少年雑誌『少年』の発売日。どれも目覚めが待ち遠しい朝だった。このワクワク感は、今では味わいがたい想い出になっている。

その後の長い年月は、私に多くの事象と光景を与えてきた。好奇心の多くは満たされ、感情は平穏になっている。だが今でも何か「期待」があれば、それを待つ心のときめきがあるはずだ。例えばどこかの古民家で、土間に射し込む黄色い光に遭遇する。また山道の草むらで、淡紅色の花をつけたアザミを発見する。そのときどんな感情が起こるのだろうか。小さな好奇心に、閉じかけた目が冴えてきた。

明日は歩いて探索してみよう。未知との遭遇があるかもしれない。早く朝になればよいのに。

# 優先席には座らない

瀬戸大橋線を利用して岡山、茶屋町間を月に数回、往復している。それも休日にだ。上りは先頭の最前部、下りは最後部の出入り口近く。そこが私の定位置で、いつも立っている。車窓から三方の風景が眺められるからだ。最近、その付近は混雑し始めた。岡山市内に大型商業施設が開店した影響らしい。

その日も、多くの人が乗車してきた。私はそれに押され、通路の奥へ一歩進んだ。優先席の横に立つ。そこには中年の男女と、もう少し若い女性が座っていた。

車窓を眺めようと窓に目をやると、中年男性は背けるように外を向いた。他の女性はスマホに目を落としたままである。座る意思がない私には、それが滑稽に思えた。

帰宅するため岡山駅の六番ホームに立つ。すでに長蛇の列ができていた。私は座る必要がないので並ばない。折り返し運転の快速マリンライナーが到着し、乗客が下車するや否や行列は霧散した。

私は最後に悠然と乗り込む。混雑を避け、優先席を塞ぐようにして立った。向かい合ったままの席には、中年女性と女子大生らしき二人が腰を掛け、一人分が空いていた。若い女性の一人と目が合う。

私はギクリとした。乗客の平均年齢は若く、古希が近い私は高齢の部に入っている。席を譲られたどうしようか？　絶対にプライドに傷がつく。不安に襲われた。

自分では若いと思い込んでいる。ひ弱そうでも、歩きなれした足腰は見かけより丈夫なはず。仮に座っておれば、いつでも席をお譲りする。この私には、優先席という選択はありえないのだ。だがそれは全くの杞憂であった。その娘さんは屈託のない笑顔を友だち向けると、楽しそうにおしゃべりを始めた。

それもそうだ。席は一つ空いている。例えその気があっても譲る必要は無い。

若者たちは立ったまま器用にスマホをいじっている。誰も腰掛けようとしなかった。

発車間近になって、一人の高齢女性が飛び込んできた。乗車口付近の人々が除けた隙間を縫ってこちらへ来る。私は少し下がって、座る空間を作った。その人は年齢に似合わぬ勢いで座り込んだ。そしてホッとした表情で私に軽く会釈した。目で返事を返す。

笛の音で電車が出発した。車内アナウンスが流れる。

「……優先席は必要とされている方にお譲り……」

# 自転車の少女

郊外の本屋さんへ自転車で出かけた。

この自転車には、二十年近く乗っている。

タイヤの交換は三回、盗難一回、パンクは星の数ほど。全て自分で修理した。紺色の車体は色あせ、スポークは黒褐色に錆びついている。すっかりくたびれて、団塊世代の私のようだ。

買いかえたいが愛着が強く、踏ん切りがつかない。どうしたものかと思案しながら、自転車が通行できる歩道を走っていた。

そのとき、自転車に乗った一人の女子高生に気がついた。片手に持ったスマホに目を落とし、真直ぐ私に向かってくる。

「危ない」

小さな声を出し、私はブレーキをかけた。その声に女子高生は顔をあげる。全く表情が無い。衝突寸前で私を避けると、無言で不機嫌そうに走り去った。

怒りが込み上げてくる。引きかえして注意しようとしたが、辛うじて思いとどまった。持っているスマホで、

「不審者です」と通報されるのが落ちだ。だが、そこは年の功。怒りが収まると、たちどころに

他山の石とする。

自転車は、交通マナーを守らなければならないと肝に銘じたのだ。

翌日、同じ場所を通行した。

新しい自転車に乗った三人の女子中学生が、縦一列で走って来た。昨日の嫌なことが脳裡をよぎる。ところが、私の近くになると車道側に寄り、

「すみません」と頭を下げた。ヘルメットを被った、あどけない顔が清々しい。振り返ると力強くペダルを踏み、そよ吹く風にスカートをひらめかせている。背からは夢と希望が溢れ出していた。

それにしても気持ちのよいことだ。彼女たちは社会へ出てもマナーを守る素晴らしい娘さんになることだろう。私まで元気が出てくる。

老い先への意欲を分けて貰った。

よし、自転車も心身も新品にしよう。さぁ、もう一頑張りするか。

# 若年高齢者

月に数回、瀬戸大橋線を利用して茶屋町、岡山間を往復している。電車に乗るのは楽しいが、苦痛なことがあった。それは片道二四〇円の小銭を用意しなければならないことだ。

私は若い頃から、小額の買い物で高額紙幣を使用するのは気がひけた。迷惑をかける気がしたからである。かといって相手は自動券売機。何の遠慮もいらないのに抵抗がある。染み付いた習慣は、そう簡単に抜けるものではない。

今日も茶屋町駅で切符を買おうとした。ポケットから小銭を取り出そうとして、誤って一〇円玉を落とした。転がるのをあわてて追いかける。

顔をあげて目に入ったのが、「イコカ（ICカード）券売機で買えます」の文字。私は反射的に二〇〇〇円分を買った。スマホ等のハイテク、電子情報機器アレルギーの自分が信じられない。

列車の時間に間があるので駅は閑散としていた。初体験には絶好の機会だ。私は駅員さんから離れた東端の改札口へ近づいた。

「IC」のシールが貼られた場所へカードを当てる。ピッ、と音がするはずだが無音。「タッチするだけ」のシールへ当てたがやはり無音。あわてて上部の出っ張りへ当てる。反応なし。駅員さんをみる。お客さんの対応で忙しそうだ。再度挑戦する。適当にそれらしき場所へカードを当

てたが音はしない。ようやく手が空いた駅員さんに、ＩＣカードを振り上げて、

「これは、どうすればよいのですか?」

若い駅員さんは不思議そうな顔をして、

「そこに当てればピッと音がします」。私は再度、出っ張りに当てた。

「あっ、それは出口専用です。隣です」。穴があったら入りたい。

「ピッ、ピッ」と、小気味のよい音が響いた。どれほど嬉しかったことか。

慣れるとこれほど便利なものは無い。今では残金を確認する余裕さえある。それどころか、切符を購入している同世代を見ると優越感さえ感じるのだ。

携帯はガラケイ、使えるのは電話機能だけ。パソコンはワードとメールのみ。こんな私だが、生活に必要な電子機器やハイテク技術を少しでも理解したいと意欲が湧いてくる。

団塊世代の私は将来、ロボットに介護されるかもわからない。それでもハイテク技術と仲良くしておけば、ロボットさんと友だちになれそうだ。

私は現代社会に適応途上の若年高齢者である。

# 腹時計

末の息子が、退職記念にと腕時計をくれた。光を動力源とし、衛星の電波で時刻を自動調整する一般的なものだ。安いと言っても、学生の身分では大きな負担であった。

普段は顔を合わせても、会話らしい会話がない。それでもちゃんと考えてくれていた。これほどうれしいことがあるだろうか。さりげなく渡され、ごく自然に受け取った。だが心は狂喜していた。

小学生の頃、家に古い柱時計があった。止まるとネジを巻き、近所で時間を聞いて時刻を合わせていた。大まかな時間が分かれば、生活に支障はなかったのである。

中学生になると、徐々に時間に追われるようになった。だが、腕時計が無くても通りを歩けばいたるところに時計があった。駅前広場、小売店。時を知るのに、さほど苦労はしなかった。

確かこの頃である。友人が、

「今、何時じゃろうか？」

と尋ねたので、とっさに答えた。その時間は正確なことが分かり、みんなは驚いた。自分でも超能力があるのかと考えたくらいだ。

また隣町の友人宅を訪れたときのことだ。海辺で時間をつぶし、頃合を計って行くとお母さんが出て、

「高尾君は汽車みたいじゃね。国鉄に勤めたら?」と驚いて言う。

玄関の時計は約束時間ジャストを示していた。

その後も、日中であれば誤差三十分以内で知ることができた。おそらく太陽の位置や、正午を告げる工場のサイレンなどを無意識に起点とし、判断していたのであろう。早い話が、腹時計のようなものである。

やがて腕時計を持つようになると、この能力は消え去った。

そういえば、若者の多くがファッションは別として、時計を持たないように見える。実用時間はスマホで事足りているのだ。私でもガラケイを代用している。

時の流れを具象する時計。形は変わっても永久に必要のものに変わりはない。それに私のものは、時間だけでなく子どもの心も教えてくれる。

そんなことをぼんやり考えていると、空腹に気が付いた。傍らの腕時計を見ると、ピッタリ正午であった。

# まさか

路面電車に乗った。

小雨が降っていたせいか、意外と混んでいる。私は立ってつり革を握った。

電車が動くと同時に、背後で人が立つ気配がした。振り向くと若い学生風の男性が立っていた。目が合う。

「ここへ座られませんか？」と自分が腰かけていた座席を指さす。

「えっ？」

まさかと思ったが私の顔を見ている。

（君のメガネはくもっているのか！）。怒りが湧き起る。と同時に、多くの高齢者が初体験したときと同様に激しい衝撃を受けた。耳にはしていたが、ついに自分にもこの日が来たのだ。

むろん座る気はない。私は手を横に振り、無言で隣にいた元気そうな中年女性を指さす。若者が声をかけると、女性は待っていたかのように礼を言いながら腰を下ろした。私は渋面をつくったまま若者に背を向けた。

悔しい。電車に乗っても、近距離では立つことを原則としている。私より若いお年寄りに席を譲ったことさえある。それなのに……。

帰宅してじっと鏡を見る。

洗顔は猫が顔を洗うよりも早い。ひげを剃っても数分あれば事足りる。化粧するわけでもなく、顔をじっくり観察することはない。こうして見ると、顔はもちろん、首のしわも驚くほど増え、シミもしっかりと浮いている。なるほど古希が近い顔である。誰が見ても、高齢者と思うのは当然だ。まあ納得しておこう。

後日、軌道沿いの広い歩道を歩いた。

歩行者は沢山いるが、私より年配者は見当たらない。ダラダラ歩きの若者たちを早足に抜き去る。席を譲られた悔しさを撥ね飛ばした。忍び寄る老いの気配は消えていた。

傍らを路面電車が通り過ぎる。何人かが立っていた。

あの真面目そうな若者の顔が浮かんでくる。私の仏頂面をみて心を痛めたかもしれない。善意を踏みにじったのだ。本当に申し訳ないことをした。私は空を見上げ、心の中で謝った。

電車賃は一〇〇円。数回往復すればおいしいコーヒーが飲める。たわいのないことを考え、気を紛らわせた。

電車で席を譲られたら、感謝の笑顔でお断りしよう。

# 時刻表

岡山駅からマリンライナーに乗車した。いつものように出入り口付近に立つ。

発車直前に男が飛び乗ってきた。持っていたリュックを私の足元に投げるように置いた。私は思わずムッとした。

男は屈むと中から何やら取り出した。それを見て私は一瞬、固まった。何とポケット版の時刻表ではないか！　興味を引かれ、さりげなく男の顔を見た。

一見、二十代の学生風。ごく普通の若者だ。熱心に時刻表を調べている。

列車の時刻などスマホを見れば一目でわかる時代。それをしないところをみると、「乗り鉄」と呼ばれる、列車に乗ることを楽しむ鉄道ファンだろう。何となく親しみがわいてきた。

突然、好奇心に火が付いた。

下車後、本屋さんへ直行し時刻表を手に取った。薄っぺらな紙のページをめくると懐かしい感触が伝わってきた。同時に青春時代が甦る。

当時は旅をするゆとりはほとんどなかった。時刻表を無作為に開き、聞き覚えがある駅を見つけては、その風景を想像し心を満たした。いつの日か訪れようと夢見るときもあった。

例えば中央本線の南木曽駅。近くにある妻籠宿、馬篭宿から島崎藤村を連想した。そしてリンゴの花を思い浮かべながら「初恋」を暗唱した。貧しくても時刻表一冊で十分に旅ができたのだ。

実利的には、登山のときザックに最小の時刻表を忍ばせた。最寄り駅の発車時刻から下山時間を設定するためだ。

おかげで、午前五時に三千メートルの山頂で御来光を拝み、夜には倉敷の自宅でおいしいビールを飲むことができた。

ページをめくっていると、一つの計画が浮かんできた。若いころ空想した、中国地方全線の旅を実現しようと考えたのだ。

割得切符で各駅停車の列車に乗る。左手に時刻表を、右手にビールを持ち車窓から山里を眺める。そして海が見える見知らぬ駅で途中下車しスケッチする。もちろん、ビールを片手に持って。

手始めに日帰りの旅から始めたい。目に留まったのが芸備線の備後落合駅。どんな場所であろうか？　日本の原風景のような里山が頭に浮かんできた。

肉体の衰えは防ぎようがない。だが、心は青春を装うことができる。

はにかみながら、そっと時刻表を戻した。

# あんずの古木（新見）

伯備線に乗りたくて列車で参加した。最後に乗車したのは、いつの頃であったろうか？　思いだせるのは、昭和四十年代。当時は蒸気機関車のため、トンネルに入る度に窓を閉めた記憶がある。あれから四十年が過ぎた。今、車窓から見る川と緑。余り時間が流れていない気がする。

新見は山陰への途次であり、よく車で通った。といっても通過点のため、中心部に立ち寄ることはほとんどなかった。それどころか、岡山自動車道が開通してからというもの、通行することさえなくなっていた。そんな訳だから、新見を訪れるのは楽しみであった。

目的地の一つである、御殿町の古い町屋は、伝統的建造物が整備され、往時の面影が残されていた。その一角にある三味線横丁という、懐かしい響きの小路。夜になると、今でも三味の音が聞こえてきそうだ。

津国屋内倉では、一間半七社の神棚と鬼瓦に少々驚く。また、畳の上には皿や壷などが剥き出しの状態で、整然と並べられていた。手に取れそうな展示に、親近感を覚える。

通りを歩いていると、一瞬ながら、叙情的な光景を想像した。秋の夕暮れ、小雨が降るなかを一人、番傘を差して歩くというもの。まさかこの歳で！　あわてて打ち消し、昼食場所の大池邸へ飛び込んだ。

市街地を離れ、大佐町の山田方谷記念館と方谷庵（継志祠堂）へ。郷土史に疎いため、方谷が新見市と縁が深いことを初めて知る。晩年を過ごしたこの地にある庵は、寺の境内の一隅にあった。ここで、生涯を総括したのだろうか。静寂の中で頭を垂れ、瞑想する姿が目に浮かぶ。

境内にはあんずの古木があった。幹は苔むし、ウロさえできている。それなのに枝は若々しく、梢には葉っぱが青々と繁茂していた。春にはきっと、美しい薄紅色の花を咲かせることだろう。幕末の動乱期を生き、その後は子弟の教育に尽くした方谷。古木はその生き様を現しているかのようだ。

境内から見渡す里は、黄緑色と緑一色で心が和む。やがて赤と黄色に変わるはず。偶にはのんびりと、季節の移ろいを楽しみたいものである。

あんずの古木（新見）

# ちょっとした発見（津山）

どんな小さな村や町でも、人が住んでいる限り歴史や伝承がある。有名でなくても地域固有の史実があり、小さな発見に心ときめくことがある。

津山といえば無知な私が思い浮かべたのは津山城と鶴山公園。岡山に住みながら情けない。未知への好奇心とあらたな出会いを期待して参加した。

最初に訪れたのが、七百七年頃に創建されたという美作国一ノ宮である中山神社だ。その歴史と檜皮葺の厳かな本殿に圧倒される。気が付くといつの間にか添乗員用の小旗を持っていた。それを振り振り、集団をなして奥にある猿神社へと向かう。

少し山を登ると神社はあった。『今昔物語』巻第二十六話の「中山の猿」が祀られ、牛馬の安産信仰があるそうだ。赤い小猿のぬいぐるみがたくさん奉納されている。牛馬の守護神として地域に根付いた信仰が窺える。再度中山神社の狛犬を眺めると、驚いたことにその面相はお猿であった。予備知識があれば、また違った観点ら参詣できたのに。ちょっとでも縁起を調べておくべきだったと後悔する。

次に訪れたのが聚楽園。回遊式になった大名庭園の素晴らしさは言うまでもない。池の中程にある島の小径に、珍しい三葉の松があった。この松葉を財布に入れておくとお金が増えるとのこと。同行の美しい女性が、さりげなく私に渡してくれる。見栄を張り、中味が一杯あるからとお断りする。事実、持ち出したヘソクリである、十数枚の千円札でパンパンであった。

続いて出雲街道にある城東町並保存地区を、そぞろ歩き調で洋楽資料館に到着。平成二十二年三月に新築移転されたそうだ。ここでは洋学の発展と普及に功績があった、津山の洋学者の紹介と資料が展示されている。西洋文明を吸収しようとした熱情が随所で窺われる。特に『解体新書』は必見の価値があった。本物を見ることで蘭学に傾注した状況を実感できたのである。

先人の足跡を残す貴重な資料や史跡。その保存整備は並大抵のものでないだろう。おかげで私達来訪者は深い感動を受けるのである。

最後に小旗をバスのドライバーにお返し、関係者の方に感謝しながら岡山行きの列車に乗った。

# リピーターのささやき（玉島）

人が集住すれば交流が始まり、文化が芽生える。そして栄枯盛衰を繰り返し、歴史が作られてきた。玉島も例外ではなかった。

例えば流通面から見ると、綿花産業を核とした海運で、江戸から明治にかけて繁栄を極めた。やがて、交通手段が陸上に移り変わると衰退していった。それが再び国際海上輸送の拠点として、国内有数の貿易港に甦っている。

台風十八号の接近。担当の一員として気が気ではない。西を向いて良寛様にお願いする。願いがかなったのか、傘を広げることもなく、綿花畑の前で開会式が行なえた。

綿の花は白から黄、紅と一日三回色が変わるという。満開の綿花を背景にした開会式をイメージしていたが、多くは実になっていた。熟すと割れ、白い綿が飛び出す。ぜひ、この時期に再訪し見たいものだ。

コットンロードの端は円通寺の駐車場になっている。ここからの眺望は素晴らしい。眼下には旧玉島港。北側はその古い町並みが広がる。さらに南側はハーバーアイランド、遠方には水島コンビナートと古い地域から先端の工業地帯までが一望できる。

円通寺は玉島の代名詞と言っても過言でないほど有名な寺だ。方丈さん（住職）の法話を拝聴した後、超特急で寺内を拝観した。

開山堂への渡り廊下は、巨大な一枚岩の上にあった。この風景、どこかで見たことがある。思い出した。二十年以上も前のことだ。仕事で建物内を拝見していたのである。そのときは事務的に調査するだけで、趣を味わうゆとりなど全くなかった。今、参拝者の目で建物と庭園を見渡すと、不思議な情感が湧いてくる。後日、ゆっくりと過ごしたい。

押し迫る時間を気にしながら国民宿舎良寛荘へ。

玉島ガイド協会の西さんによる玉島と綿花にまつわる講話のあと昼食。参加者の顔色を窺い、まずまずかなとホッとする。

午後はハーバーアイランドと港町を車窓から見学した。港町では、古い町並みと歴史だけでなく味噌・醤油などの伝統産業も見学できるとのこと。これを機会に、ゆっくりと訪れ地域を再発見したいものだ。

# 邂逅の後楽園（岡山）

岡山県に住みながら訪れたことのないのが後楽園。よく聞く話だ。私とて偕楽園は無く、兼六園は三度とはっきり憶えているのに後楽園の記憶はない。

いつでも行けるという気持ち、日常生活で目に焼き付いた多くの情報、といったものが一因かも知れない。

開会式が済むと万城氏の案内で園内をそぞろ歩く。広い緑の空間が心を伸びやかにしてくれる。岡山市内でありながら、人声と足音以外は聞こえない奇妙な静寂さ。不思議な世界である。自分の世界に入りそうだ。

邂逅というものは存在するらしい。お客様のなかに、数十年前に職場関係でお世話になった方がおられたのだ。赤子が母親と一緒にいるような安心感。その当時、荒んでいた心が和んだものである。鶴鳴館で演奏が始まる直前のわずかな時間を利用してお話した。寡黙な私は信じられないほど饒舌になった。

外を見ると長方形の狭い空間が広い庭園を切り取っている。喧騒を無視して眺めると、穏やかな空気が私を包んで行く。

演奏が始まり「宵待ち草」に、死語になった感傷のようなものが甦ってきた。

そのとき突然思い出した。二十代の頃、観月会に来たことがあるのだ。茶会に参加している知人たちを待つ間、一人で月を眺めていた。そのときも、雑踏にもかかわらず、自分の世界に入り美しい夜景に酔ったような気がする。

もし近くに住んでおれば、雨の日はゆっくりと、気がむけば木枯紋次郎のごとく速足で歩きたい。

同じ場所から眺めても、四季で全く景色が異なるはずだ。同様にその時々の感情で眺めたいものである。

# 音の三白（児島）

かつては居住し、人事異動で何度も勤務した児島。私にとっては思い出深い地だ。

懐かしい潮の香りとともに下津井地区を散策する。古い港は埋め立てられ新道になっていた。だが「むかし下津井廻船問屋」前の旧道は記憶通りの町並が残っていた。郷愁のようなものを感じる。

港には沢山の漁船が係留され、今でも漁業が盛んなことが窺われる。

住んでいた地域は違うが「トントン」という漁船の軽やかなエンジン音で目覚めることがあった。布団の中で、朝もやの海から日が昇る、幻想的な夜明けを思い浮かべていた。

もちろん現在のエンジン音と異なるが、思い出の中では同じ音に聞こえる。

お年寄りが片手間に海産物を売っている店で、美味しい干しわかめを求めた。

続いて旧野﨑家住宅へ。

あいにくの小ぬか雨だった。それなのに、雨音が聞こえる気がした。流下式塩田の枝条架から流れ落ちる塩水の音。まだ、頭の隅にこびりついているのだろう。

塩の資料と古い写真から微かに若いころの記憶が甦った。

塩田の萱が繁った堤防をよく散歩していた。夜は満天の星を眺め、遠い宇宙へ思いを馳せた。

自分史では神代の時代であり、すでに個人の神話になっているが……。

展示された千両箱を持ちあげようと奮闘する人々を見て現代に生きていることを知る。

旧野崎家住宅前の道路は、ジーンズストリートとよばれる旧味野商店街へ続く。

最盛期には休日になると、繊維工場の若い工女さんで賑わったそうだ。

職業上、ほとんどの繊維工場へお邪魔した。撚糸、織布、縫製工場などでは、純白の三角巾を被った女性たちが働いていた。二十代の私よりも若い彼女たちが生き生きと見え、児島の原動力のようなものを感じた。

半世紀前はあちこちから、織機やミシンの音が聞こえてきた。それなのに、今ではただ車の音だけ。確実に時は流れていたのだ。

雨の児島は、つかの間の回顧のときであった。

# 第三章

# 散歩人

ご多分にもれず、年とともに早起きになった。かといって睡眠が足りているわけではない。夜が白むと、自然に目が覚めるのだ。二度寝しようにも眠れず、仕方なく外で朝日を浴びている。

自宅は郊外にあり、主要道から外れている。付近は車の往来が少なく、早朝から散歩する人が多い。ほとんどが中高年で、男性、女性を問わず一人で歩いている。

近所で見かけぬ人達だ。当然、不審に思う。それを見透かすかのように、大抵の人は笑顔で挨拶をする。会釈だけ、声を出す人、三者三様である。それだけで警戒心が弱まるから不思議なものだ。

夏になると、歩道がある新道を散歩することにした。

多くの散歩人と行き交う。楽しそうに会話している夫婦らしき中年男女。話しながらジョギングする余裕のグループ。そうかと思えば口を固く結び、わき目も振らず黙々と歩く独歩人もいる。他人を嫌忌するかのようだが、そんな気持ちは毛頭なく単なる性格であろう。社交性が乏しく、人見知りする同類の私には理解できる。

ある日の午前、猫と散歩していると、なにやら賑やかな声が聞こえてきた。介護士の女性が、それぞれに老人が乗った四、五台の車椅子を押している。近所のグループホームの散歩時間らしい。

一人の老女が私の前で止まると、満面の笑顔で話し掛けてきた。見知らぬ方だが、その屈託のない話し振りに親近感を抱く。まるで昔からの知り合いのようだ。

「可愛い猫じゃなぁ。オス？　メス？」

「オスですよ。でも去勢しているからニューハーフですかねぇ？」などとごく自然に、きわどい軽口をたたく。老女は介護士と一緒に、声を出して大笑いした。二、三言葉を交わすと連れの車椅子を追いかけて行く。

明るい方だ。グループから大きな話し声が聞こえてきた。施設の仲間とも明るく過ごしているのだろう。

ふと我が身を案じる。もし自分が元気なまま、一人で余生を過ごすようになったら？　ブツブツ独り言をいいながらの散歩。猫との会話。ついには、テレビに向かって口論する。考えるだけでおぞましい。

ぞっとして、軽く身震いした。

# 年の初めに

一年の計は元旦にあり。久し振りに懐かしい言葉が浮かんだ。年とともにスローライフとなり、何事であれ、ゆっくりと流れるように見える。その実、時だけ加速しているのが実感である。今年はもっと計画的に過ごし、それらを同調しなければと思う。そんなことを考えながら、近隣の社寺へ初詣に出かけた。

三が日を過ぎたのに、どこも多くの人で賑わっていた。老若男女がお賽銭を投げ入れ、手を合わせると深々と頭を垂れている。願うのは、無病息災、商売繁盛、良縁等々。いつもの状景だ。私の場合はたったの数秒、形どおりに手を合わすだけ。最近では「今年もよろしくお願いします」と年賀状的に心の中でつぶやいている。心機一転、今年は「計画的な生活」を加えよう。

そういえば、昨年のことだ。妻が知人から、岡山市郊外にある神社が「今年の縁起がよい神社」だと聞いてきた。

「縁起が悪い神社」など在るのかしらと思いながらも参詣した。ついでにと、妻が行列に並んでおみくじをひく。少し離れた所で待っていると、血相を変えて飛んできた。短冊状になったおみくじを持ち、振り回している。そして開口一番、

「凶！」

驚いて見ると、確かに「第二四番の凶」。古語で書かれた文言は、運勢の善し悪しと無関係だったと思うが記憶にない。

軽い不快感に襲われながら妻の様子を窺う。強いて述べれば浮かぬ顔であるが、ネアカの性格はもう普段どおりになっている。意外なことに、小心な私も思ったほど気にならない。それどころか二人とも「話のネタになる」、「日々にメリハリができた」などと強がったのである。もっとも次に訪れた寺院で「吉」をひき、相殺していたが。

あれから一年。気がつくと、再び新年を迎えていた。多少なりとも波風が立ったと思うが、振り返ることはなかった。おみくじのことなど、とっくの昔に忘れていた。ということは、平穏に過ごせたのであり、悪くいえば感情が平坦になったのである。

教養、旅行、老後の生活等々。今さら計画的、計画的と無理して焦る必要もない。と、早くも計が壊れていく。

それでも老化に抵抗するため、祈願に「感情豊かな生活」を付け加えておいた。

# 学校給食のある風景

昨年、真庭市久世の旧遷喬小学校を訪れた。明治四十年建築の木造校舎が保存され、一般に開放されている。そこで「なつかしの学校給食」をいただいた。

中高年を中心とした三十数名の参加者から給食当番が選ばれる。当番は出席を取った後、献立の紹介をするなど昔の給食時間が演出された。最後に「いただきます」と一斉に手を合わせ、アルミ製の食器をつつく。

主菜はサンマのかば焼きであった。当時、そのようなものが出されたのか団塊世代の私は憶えていない。とても質素に感じるのは、豊富な食材に慣れきっているせいであろう。当時は塩蔵されたものを焼いていたが、塩が効き過ぎていてもご馳走であったのに。すっかり舌が肥えてしまった。

「昔はクジラがよく出たわねぇ」

と隣席の団塊夫婦。感慨深げにかば焼きを口に運ぶ。どのような光景を思い浮かべているのだろうか？　私も一口かじる。口中に表現しようがない不思議な味が広がった。懐古が調味料になり、素材が持っている以上の味がしたのだ。記憶が甦り、束の間の思い出にふける。

祖母と二人で生活していた私は、学校給食が好きだった。祖母の料理の種類はごく限られていた。ところが学校給食は毎日違う。見たこともない献立に目を丸くする。終業時間と同様、待ち遠しい時であった。特に脱脂粉乳のミルクが大好物。空から蛇口が現れて呑み放題になる。そんな空想さえしたのである。

好きな献立の一つに「うどん汁」があった。出汁の中に短く切ったうどんと、同量程度の野菜が入ったものだ。気に入ったので、祖母に頼んで作ってもらった。給食よりもはるかにおいしい。夢中で食べる私を、いつものように微笑みながらじっと見つめていた。

最後に講堂へ集まり、参加者全員がピアノ伴奏で「故郷」を歌う。小学校時代の郷愁にしばし浸った。

アンケートには「クジラの竜田揚げが食べたい」と無理な注文を書いておく。

先日、デパートで「クジラのカツ揚げ」を買った。香辛料と調味料で現代的に味付けされ、考えていたよりはるかにおいしい。

ただそれだけで、感情が動くことはなかった。

# 病院でのこと

指の痛みに始まり、次から次へと健康保険を使用する。ついには人間ドックで指摘され、消化器と循環器の検査に。検査日の確認にカレンダーをめくろうとすると「痛ててて！」肩に走る激痛。不思議なほど病院と縁が切れない。まぁ、こんな年もあるのだろう。

検査は順調に進み、これまでの結果は支障なさそう。一安心する。最後に大腸の内視鏡検査となった。渡された倉敷中央病院の院内地図を見ながら検査室へ向かう。通路は混雑しており、好況時の商店街のようだ。ただし歩行する人々の表情は冴えない。自分も同じように不景気な顔をしているのだろうか？　大腸憩室炎の既往歴があり、それが原因だと信じているので不安は少ない。とはいっても、鏡を見る気はしない。

検査室の受付では十数人が待っていた。それなのに受付が済むと、すぐ検査準備室へ案内された。急を要するのか不安になる。

一時間近く待つと、私と高齢の男女二人が残った。看護師が申し訳なさそうに、検査が立て込み予定が遅れていると断りをする。老女が、

「若い者を待たせているので困ったな」と独り言をいう。身内の若者が受付待合で待っているら

しい。

その言葉をきっかけに、男女が会話を始めた。聞き耳を立てるつもりはないが耳に入ってくる。男性は農業で生計を立て、これまで医者にかかったことがないと自慢した。続いて声を落とすと、

「健康診断を受けておけばよかった……」

自分に言い聞かせるように話す。深刻な病状であろう。

二人は無理やりのように話題を変えると、百歳でも元気な人がいると年齢の話になる。女性は九十歳と言っているが、本当は米寿だそうだ。男性は八十歳。

「ワシも百まで生きるで」

抑揚のない声でつぶやいた。私は思わず顔を見た。しわの多い顔に、小さな目が光っている。弱音を吐くのかと思えばこの言葉である。精神力が強そうだ。きっと克服するに違いない。女性は苦笑とも愛想笑いともつかぬ曖昧な笑顔を浮かべ、言葉を返そうとしない。

全ての検査が終わり、幸いなことに大事無かった。延べ一週間の日数と高額の診療代。人間ドックのオプションだと全額自己負担である。それが保険適用のため三割負担で済んだ。助かった。

アベノミクスと縁遠くても、私のエコノミクスはちょっぴり上方修正である。

病院と縁を切り、九十九歳まで生きようかしら。

# 森を歩く

東北地方の森を散策するツアーに参加した。

四日間二人分の着替えをザックに詰め込む。背負うと同時に甦る苦痛。苦しかった登山を思い出したのだ。やがてそれは懐かしい感覚に変化して行く。

山友だちと夏山行きを始めたのは三十歳の頃である。夜行列車を利用し、歩けるだけ歩くという弾丸登山だった。とにかく日常の煩雑さから逃避しようと夢中で歩いた。疲労で足が動かなくなったこともある。それでも七色に変化する夜明けに感激し、大好きなチングルマ（高山植物）に心を奪われた。おそらく、そのときの苦痛と感動を体が記憶していたのだろう。

各地から集まったのは私同様、団塊世代の男女十四人。二日目に世界自然遺産の白神山地を歩く。

小さなデイパックに雨具と飲料水のみを入れた。軽い。

「森の案内人」のガイドでブナ林の中をゆっくりと進む。以前の山行きが嘘のようだ。踏みしめる落ち葉の感触、マイナスイオン満杯の空気。それに、時間がいつもと違ってノロノロと進んでいるような錯覚。これまで幾度となく経験したものだ。それでいて説明し難い充実感に満たされる。これが年相応の感動というものか。森を守ってきた人々に感謝する。

緩慢に生活していても、時間だけは年毎に加速する。それがこうした感情により、一時的であれ減速するのだから有り難いものだ。

しばし自分の世界に入っていると、

「来てよかったわ」

満足そうな女性の声。振り返ると、小柄で細作りの女性が白髪の男性に笑顔を向けている。男性は無言のまま、ほほ笑みを返していた。その何気ない光景が、率直に私の感情に飛び込み笑顔が浮かぶ。自然のなかでは素朴な行為が調和するのだ。

緑一色の森。やがて黄変して違った美しさをみせる。人生とて似たようなもの。余生は気負うことなく歩けばよいのだ。

# マツムシソウの咲くころ

九月末の快晴の日、妻と二人で「広島県民の森」へ出かけた。毛無山から比婆山へ抜け、公園センターへ帰る予定だ。

広い整備された緩やかな道を歩く。木漏れ日が射す、明るい樹林の中をゆっくりと登る。ブナ主体の広葉樹はまだ青い。点在するカエデも紅葉にはまだ時間がありそうだ。

一本の大木の周りに木の実がいっぱい落ちていた。芝栗である。緑や茶色のイガから、小さな実が飛び出している。まだ晩夏と初秋が混在しているが、やがて赤と黄の秋一色になるのだろう。

鈴の音とともに下山してきた登山者とすれ違った。しっかりした登山着姿の中高年男女六人である。

すれ違い様に一人の男性と顔が合った。人を見下したような一べつをくれる。神経質な私は敏感に反応した。一変して爽やかさが不快感に変わる。気持ちが沈んできた。山でこんな体験をした記憶は無い。せめて苦笑いでもしてくれればよかったのに。

原因は分かっている。服装だ。私たちはウォーキングシューズこそ履いているが二人とも普段着姿。山を軽んじる初心者と思ったのだろう。

私のデイパックには、雨具と二人分の食料が入っている。妻は見間違えるほどしっかりと厚化粧している。とはいえ、整備されたハイキングコースでも山は山。仕方ないか。

しばらく歩くと吾亦紅《われもこう》を見つけた。分枝した枝先には暗紅色の小さな花が穂のようについている。幼い頃には草むらでよく見かけたものだ。懐かしさに浸りながら歩いていると、いつのまにか一一四四メートルの毛無山頂上へ到着した。

視界良好ではるか遠くに大山が望める。私の機嫌は徐々に回復してきた。

おにぎりをほおばると一四時であった。さらに進むには、時間的に厳しい。そこは年の功。簡単に諦めて出雲峠から下山する。弾丸登山をしていた若い頃では考えもしなかったことだ。その代わり、途中で素晴らしいご褒美が待っていた。ちょっとだけ道をそれると、マツムシソウの群生地があったのだ。

全面緑の中に、満天の星のごとく青紫色の花が散らばっている。素晴らしい。心が癒される。年相応の穏やかな感動に包まれた。

気が付くと、先ほどの不快感はいつのまにか消えていた。

# 蕎麦の花

美咲町の棚田に出かけた十月末。稲はとうの昔に刈り取られ、残った株から芽が出ている。また違った風景だ。

峠にある一軒家のそば店に寄った。昨年十一月の赤そば祭りで訪れた店である。蕎麦の花は白い。だが、ここのものは赤い。それを特産にしているという。花の見ごろが終わり、来訪者はほとんどいない。蕎麦店の駐車場には四、五台の車が停まっていた。

店に入ると木のテーブルが二つあった。それぞれ三人と四人のグループが陣取っている。相席を了承すると、三人が掛けたテーブルに案内された。同席者は私より高齢の男性と二人の女性である。

私たち夫婦の前には、まだ先客が食べた二人分の食器が残っていた。店の中年女性があわてて片付ける。慣れていないのか手間取った。

「すみません。すみません」としきりに断りをしながらテーブルを拭く。

赤花の蕎麦は収穫前なので用意できないといわれ、普通の白花のものを注文した。

同席の男性が食べ終えると、自分たちのお盆を重ねた。その上にどんぶりと小皿、湯飲みを手際よくのせる。片付けに来た店の人がまた、

「すみません」と頭を下げる。

「趣味で陶芸をしているから、陶器の扱いはお手のものです」

妻らしき女性がさらりと言う。みんな笑った。

待っている間、子どものころを思い出した。当時の主な情報源は少年雑誌である。年越し蕎麦を食べる場面を読み、それが無性に食べたくなった。というのは、我が家の年越し蕎麦はうどんだったからである。祖母に無理を頼んだ。その日は夜が待ち遠しかった。

ところが、出されたものに目を丸くした。なんと、丼のなかには真っ黒なうどんが入っていた。多めのうどん粉に蕎麦粉を混ぜたものだろう。近所では雑誌で見たような細く切った蕎麦を売っていなかったのである。

それでも興味津々、口に入れる。ぱさぱさしてとても不味く、とても食べられるものではなかった。ほとんど食べ残したことを思い出した。今では全て食べられると思うのだが。

注文した掛け蕎麦が出された。食べようとすると箸がない。請求すると、

「そこにあります」と指をさす。

目の前にはテーブルと同化した木製の箸入れがあった。私は笑ってテレを隠す。居合わせた人が笑うが全く嫌味がない。

蕎麦の美味しさが腹にしみる。

のどかな里山の時が流れる。

# 黄八丈の小銭入れ

昨年九月末、一泊二日の八丈島ツアーに参加した。気がかりなのは、近づく台風十七号の動向である。

八丈島空港に到着すると、曇天だが風は弱く観光に支障がなさそう。ほっとしたものの、遠路やって来たという実感がわかない。年齢のせいであろう。

夜になると風が強まった。

明日は飛行機が来ないかも、と添乗員。一行に不安が走る。それを察して、

「大丈夫です。大船に乗った気持ちで任せてください」と笑う。みんなもつられて笑った。大柄で堂々とした添乗員に安心感を憶える。

翌日。観光は予定通り終えた。だが風は一向におさまりそうにない。情報が入り、羽田空港からの飛行機がこの日も欠航したとのこと。飛んでこなければ帰ることはできない。予想していたので、ごく自然にあきらめられた。

添乗員は不安を与えないように、

「台風は遠ざかっているので、明日は絶対に帰れます」

と太鼓判を押す。次いで、

「もし飛行機が来なければ、私が船を漕いででも連れて帰ります」

と鼻息が荒い。

もっともツアー客二十人のほとんどは、時間より常用薬が尽きることを心配する世代だ。深刻さがない。一泊の予定が二泊になりのんびりできる。

ところが、翌日も飛行機は欠航。滑走路が一本しかないため北風が吹くと着陸できないのだという。さすがの添乗員も困惑気味であちこちに電話をかけている。

その結果、町が無料で観光バスを出してくれることになった。バスガイドさんが、自分の責任ではないのに島留めになったことをしきりに謝る。

昨日訪れた「服部屋敷（観光地）」では、保存会の人たちが無形文化財の八丈太鼓と樫立て踊り（島の盆踊り）で歓待してくれた。急きょ対応してくれたため普段着のままである。黄八丈の正装とはまた違い、生活感が漂う。おまけに太鼓までたたかせていただいた。

続いて保存会のメンバーと一緒に、百人は収容できそうな地区の公民館へ。地元の十数人が解説つきで民話や伝承を話してくれる。この地に流された旧岡山藩主宇喜多秀家の関連が多く興味深い。

方言あてクイズでは、黄八丈で作った小銭入れが賞品となった。ひとつ余ったので、九月生まれの人にくれるという。

「はい、それでは九月生まれの人」

「はい」

私は勢いよく手を上げた。作った女性の妹と誕生日が同じとのこと。親近感が湧く。輪になってみんなで踊った。以前から知り合いのような錯覚にとらわれる。観光を超えた、人情味あふれるもてなしに心が和む。これも宇喜多秀家の縁であろうか。

翌日、飛行機が来た。

「もう、大きいことは言いません」

添乗員は頭を深々と垂れた。仕事とはいえ、奔走してくれたご苦労にこちらこそ頭を下げたい。

人々の温もりを感じた旅であった。

黄八丈の小銭入れは大事な思い出の品となった。

※その年「岡山城築城四百年祭」で保存会のメンバーが来岡し岡山城で再会した。

# 朝の通行人

夜が明けると猫を散歩させた。

猫はいつものように、紐をつんのめるようにして引っ張る。ところが、突然止まると鋭い目で前方をにらみつけた。そこには犬を連れた人影。見かけぬ中年女性だ。猫を玄関につないで一緒に様子をうかがう。

我が家は主要道から外れており、周囲は田んぼばかり。散歩コースの穴場である。少数でも様々な散歩人が通るのは当然だ。といっても猫がいるので犬は要注意である。

犬連女性は私の前に立ち止まった。ニコニコ笑いながら開口一番、

「オタクの猫がうちの犬の餌を食べました」

「はあ？」

「うちの犬は気が良いのでハトが餌を食べても見ているだけです」などと喋りたてた。確かにそのようだ。車の下に身を潜めた猫には関心を示さず、尻尾を振って愛想している。それはよいのだが、話が支離滅裂で理解し難い。

「なぜ、うちの猫だと分かるんですか？」

それを無視し、一方的にしゃべり続けた。よく聞いていると、苦情ではない。猫が犬の餌を食

べても大丈夫か気遣っているようだ。

女性は喋りたいことだけ喋ると、私の話も聞かずに去っていった。家の中で飼っているのに、いいがかりも甚だしい。変った人だ。

憤慨していると、やって来たのは真新しいスウェットスーツ姿の六十代男性。やはり見かけぬ人である。帽子から覗いた白髪が理知的な顔によく似合う。ただし、歩き方がぎこちない。新人の散歩人である。一戦から退いたばかりであろう。穏やかな雰囲気が伝わってくる。自分自身、ほっとしたことを思い出した。

次はどんな分野で活躍されるのだろうか。淡い希望がある世代だ。形どおりのあいさつを交した。猫はシカトして反対方向を向いている。

七時三十分。現れたのは、いつもの二人連れ。小学二年生の男子だ。道草しながら登校するのに、時間の正確さは鉄道なみである。家の中にいると、

「ニャーオ」と猫に話しかけている。

「ワンワンワン」

私は玄関の陰で犬の声を真似た。

「キャー」

二人は女子のような声を出し、逃げようとした。私に気がつくと、興味深そうに近寄って来た。触りたいのかと思い、猫を近づけると後ずさりする。しばらく会話をした。

将来何になりたいのか尋ねると、はにかんで笑うだけ。サッカー選手、それとも宇宙飛行士？

夢を実現できる世代だ。遅刻しないように注意すると、ランドセルをカタカタとならして走って行った。学校では、変なおじさん、猫ジイジ……などと笑っているのかもしれない。何と呼ばれようが全く気にならない。すっかり年を取ってしまった。

やがて人通りが途絶えた。猫は台の上で遠くを眺めながら物思いに耽っている。

それにしても、あの不思議な女性は何者だろうか。その後、現れない。まだ現役世代で忙しいはずだ。一時的に散歩の代役を務めたのかもしれない。

白髪紳士も見かけなくなった。変わりないのは小学生だけ。今日も猫に「ニャーオ」とあいさつし、元気に登校している。

遠くから見知らぬ人が歩いてくる。

猫が私にスリスリする。

# 雪降る日

目覚めると、習慣的に時計をみた。午前七時を過ぎている。それでも布団が恋しくて、なかなか抜け出せない。夜半の目覚めがごとく、雑念が浮かんでは消えて行く。

そのとき妙なことに気が付いた。余りにも静かなのだ。それも、いつもの静寂さと違う。まさか？　思い切って布団から這い出し玄関を開けた。飛び込んできたのは一面の銀世界であった。

天空から灰色の雪がふわふわと落ちている。地上に到達すると何もかも真っ白に塗り立てた。まるで童話の雪国のようである。モノトーンの幻想的な風景は、私の心を奪い寒さを忘れさせた。洋間へ入り庭を見る。キンモクセイが雪の重みでしなり、高さが半分になっている。外へ出て、棒で払い落とした。というのはスズメたちが避難場所にしているからだ。最近、ハヤブサに襲撃され逃げ込んでいるのを何度も目撃している。その群雀《むらすずめ》も今はどこに避難しているのか姿は見えない。

翌日、庭にはまだ雪が残っていた。大きくたわんだキンモクセイは元の樹形を取り返していた。驚くべき回復力だ。電線にスズメが群がっている。この雪では採餌が困難だろう。洋間の窓を開けて、一握りの米を撒いた。警戒して寄り付かない。

しばらく眺めていると、ドサリと雪の塊が落ちてきた。軒端には固まった雪が瓦ごとに十センチほどのぞいている。外へ出ると棒で突いて落としていく。遠くからも微かに落雪音が聞こえてくる。

「ドドドッ」

大きな音とともに、二階の屋根から大量の雪が落ちてきた。

「ドスン」

車庫を直撃する。その片屋根は大きく波打った。私は倒壊すると覚悟したが、辛うじて持ちこたえた。それから雪との格闘が始まったのである。

小一時間かけて雪を下ろし終えると、今度は瓦一枚分が私を直撃。首から冷たいものが入り飛び上がった。落としても、落としても軒端から雪がのぞいてくる。

幻想的な雪降りは、現実を私に手厳しく教えてくれたのである。

# 不思議な犬

いつものように猫を散歩させる。通常は家の周りを一周するのだが、猫に引っ張られ隣地の介護施設近くへ行った。

境界には高さ一メートルのブロック塀がある。猫は難なく飛び上がり、ゆっくりと歩く。だが、すぐ横を向き立ち止まった。尻尾がタヌキのように太くなっている。その先に目をやると、真田紐のリードでつながれた犬がいた。柴犬の成犬だ。じっとこちらを見ている。

薄茶色の毛が美しい。目は軽く釣りあがりキツネを連想させた。それでも穏やかで気品があり、血統の良さをうかがわせる。

私は、猫に加勢して一緒ににらみつけた。微かながら緊張が続く。

やがて私は妙なことに気がついた。犬が全く吠えないのである。今までの経験では唸り声をあげ、猫を威嚇するはずだ。それが、じっと私たちを見つめているだけ。犬にとっては、何ら変化のない日常の光景のようである。不思議な犬だ。

翌日も出かけた。昨日同様、猫と顔を合わせても全く吠えない。座ったまま時おり首をかしげるだけ。猫もブロック塀を悠々と歩き見向きもしない。危害がないと判断したようだ。

飼い主の施設管理者と会ったので、なぜ鳴かないのか尋ねた。すると、

「娘が嫁ぎ先で飼っていたのを連れてきたので知りません」という。もっとも、時おり声を出すことはあるそうだ。おそらく無駄吠えしない訓練を受けているのだろう。

吠えるのは犬の仕事。子犬の頃は家族の一員としてキャン、キャンお話していたに違いない。トレーニングを受けた後では、こんなに変わるのかしらと思う。飼育環境の事情があるのだろうが複雑な心境だ。

それからも時おり様子を見に行った。私の足音に反応し、小屋の前で待っている。寂しいのかもしれない。それでも尻尾を振らず、人懐こい目で私をみつめるだけ。

そんなある日、久し振りに猫を連れて行った。

「キューン、キューン」

私たちをみると小さな声をあげた。初めてのことだ。私は反射的に嫌がる猫を引きずり帰った。これが引き金となり、再び鳴くようになれば元も子もない。旧居でも新居でも飼育できなくなる可能性がある。

その後、近づかないので犬がどうしているのか分からない。

私道から見る限り、緑色をした犬小屋のてっぺんが見える。

# モクレンの咲くころ

知人に誘われ、下津井沖の本島へ出かけた。

「お大師まいり」があり、地域の人たちが接待してくれるという。丸亀市が「本島ホ・ほ・歩」というウォーキングのイベントを行い協賛している。

児島から定期船に乗り、朝七時に港へ降り立つ。港はすでに丸亀からのフェリーが到着し活気付いていた。遠くに瀬戸大橋や四国の山並みが、もやで霞んで見える。穏やかな一日になりそうだ。

我々一行は還暦を過ぎた十五人の男女。顔見知りは近所の五人だけ。後は知人の知り合いである。体力差もあり、ノロノロ、ダラダラと札場を目差した。

集落を通ると廃屋が目立つ。庭木が伸び放題で、崩れかけた屋根はつる性の植物で覆われている。人口減による地方の将来をみるようだ。

札所番外の小さなお堂に到着した。お大師様がまつられ、先着の人たちがお接待を受けていた。そこへ入ろうとしたとき、

「小銭の無い人、一円玉を用意しているから両替するよ」と参詣者のなかから大きな声。お茶を出してくれた、いかつい顔の地元男性と私の目が合った。気まずそうな表情が浮かんでいる。だ

がすぐに愛想笑いをし、不器用にお茶を置く。

今日はお大師様のお祭りだ。私は申し訳ない気持ちで、お赤飯と香の物をいただいた。「ありがとうございます」と礼を言い、心の中でも手を合わす。

気を取り直し、北部の笠島地区に向かう。まだ四霊場しか廻ってないのに、一行はお接待のお菓子で持参した袋を一杯にしていた。

笠島の集落に入ると、民家の屋根越しに淡紫色の花をつけた大木があった。高さが七、八メートルはあろうかというモクレンだ。満開の花で枝が全く見えない。全面花で覆われ、見事な紡錘形の樹形をしている。天然記念物に指定されてもよい気がする。だが、案内書には何も記されていない。人知れぬ秘宝を見て得した気分になった。札所参りのお蔭であろう。

笠島は重要伝統的建造物保存地区として町並みが保存されている。塩飽水軍の本拠地、海上交通の要所として往事を偲ばせる町屋。端然と整備されていた。幕末の遣米使節団で、勝海舟指揮の下に随行した咸臨丸の乗組員は、この地の出身という。航海中、彼らはどんな夢を見たのかと一人思いを馳せる。

ともあれ「お大師まいり」は、先祖供養のためにお接待をする行事。いずれ少子化の影響を受けるであろう。それでも伝統的な民俗行事はいつまでも続いて欲しい。

「お大師様、こんにちは」と手を合わせる。

# 猫

六月末、初めて北海道へ旅行した。目的は礼文、利尻島のお花畑散策。岡山空港を朝出発し、稚内を観光して礼文に着いたのが夕方である。早いものだ。

翌日、天然のお花畑をハイキングした。高低差は百メートルで四時間のコースである。一行は私と同じ中高年者の十数人だ。みんな体力的に問題はなさそう。事前に旅行会社から、霧と強風は当たり前と注意されているので準備も怠りない。

山腹中央にある登山口から目的地を眺める。なだらかな山は見渡す限り草原で、エゾカンゾウが咲き乱れている。緑の中で山吹色の花は、ひと際あざやかだ。女性ガイドさんを先頭に細い道を一列になって歩いた。

青色のエゾフウロ、オダマキ。赤色のレブンコザクラ……。全面に満開の高山植物が咲き誇り、おとぎの世界を連想させる。花の説明を上の空で聞き、夢のような気分に浸っていた。そのとき、「ニャーオ」と精一杯、甘えるような猫の鳴き声。草むらから猫が飛び出してきた。紫がかった毛の成猫だ。大きな声のわりに元気がない。直感的に病気だと分かった。猫白血病にでも罹患しているのだろうか。ここは人家からはるかに離れている。扱いに困って捨てられたに違いない。

「先日から住み着いていています。餌を与えないで下さい」

優しそうなガイドさんが鬼のような言葉を吐く。自然保護の観点から義務的に述べたようだ。そのまま足を進める。

猫は四、五メートルついてきたが、あきらめて悲しそうに元の草むらへ帰った。そこだと身を隠せるので外敵に襲われる可能性は低い。ちょっぴり気が休まる。

「こちらを見てください」

ガイドさんが小さな花を指差し説明を始めた。それを注視する。（おそらく後から来る人が餌を与えるはずだ）。猫のことを忘れ、花に集中しようとした。

尾根に出ると薄い霧があるものの風はない。こんなことは稀だという。断崖の場所では身を伏せて歩かなければならないこともあるという。それなのに静穏で海面まで続くお花畑が見える。ラッキー。

「私はいつも、ここから海まで滑り降りたい誘惑にかられるんですよ」

ガイドさんの声に私もその気になった。ここから滑空できたら、ほんとに夢の世界だ。ルンルン気分で別ルートを下山中、なぜか猫を思い出した。餌をねだる姿が脳裏に浮かぶ。私は雨具、非常食を用意万端整えている。だが猫は草むらと登山者の与える食料のみ。しばらくは生き抜くことができるだろう。といっても、ここは極寒の地。冬は越せない。

咲き乱れる花とともに、息絶えるかもしれない猫。

しばし複雑な心境に陥る。

# ウスユキソウが咲いていた

六月末、北海道の礼文島へ行った。

フェリーが香深港に着岸すると、岸壁で十人ばかりの若者が大声をあげ、大きな旗を振り振り踊っている。さながら、高校野球の応援団のようである。

港の反対側となる西海岸に建っている宿泊所の従業員達で、観光客を歓迎しているとのこと。来島者には「お帰りなさい」。離島者には「行ってらっしゃい」と叫ぶそうだ。島民と同じ扱いでおもてなしをするという意味らしい。


島についてから三日目。林道のトレッキングに参加した。レブンウスユキソウの群生地があるという。標高差二百メートル、往復四時間のコースだ。

広い緩やかな林道を、花ガイドの説明で山野草を愛でながら歩く。林道ゆえに、昨日訪れたお花畑と打って変わり花が少ない。

ガイドさんは長野県から家族を残して単身でやって来た中年女性である。花のシーズンだけの仕事らしい。秋には故郷へ帰り上高地の案内人をするそうだ。根っからの山好きでこの仕事を選んだという。好きな仕事ができ羨ましい限りだ。

尾根へ出て少し歩くとガイドさんが指差した。そこには星形をした小さな白い花。レブンウスユキソウが群生していた。エーデルワイスの仲間である。レブンウスユキソウ、エーデルワイス。どちらを取っても花同様に清楚な語で、耳に心地よく響く。晴れていると光線の影響で見つけ難いらしい。今日は曇っており観察には絶好の日和とのこと。

昨日は満開のお花畑、今日は質素な高山植物。もう高山へ行く体力も気力もなくなっている。それでも十分に高山植物が堪能でき、満足の行く旅であった。

八月。

思いもよらぬ出来事が起こった。礼文島が激しい豪雨に見舞われたのだ。報道によると、港で歓送迎していた若者たちが働く地区が道路の崩壊で孤立し、宿泊所も被害を受けたという。

皆さん、大丈夫だろうか？　早く復旧することをお祈りする。またいつの日か、旗を振りながら来島者を歓迎する姿を見たい。

美しい花の島。それを襲う災害。自然は優しさと厳しさを併せ持つという現実を垣間見たのである。

# フクの味

子どもの頃、小さなフク（フグ）は釣りの厄介者であった。エサ取り名人だし、油断すると糸を切られてしまう。それに食べると美味らしいが猛毒を持っている。

釣り上げるとおなかをパンパンに膨らます。憎しみを込めて思いきり踏み付けると、「パン」と音を出し破裂した。子どもだから許される残酷な行為である。

フクを初めて食べたのは、四十年以上前になる二十代半ばである。

小料理店で、品書きの中から「本日のおすすめ品」であるフク刺しを注文した。美味しいということは耳にタコができるほど聞いている。一度は味わいたいし、手の届く値段だったので思い切った。

出されたものは皿に薄く張り付けられていた。どんな味か、期待で心が躍る。それを一枚そっと口に入れた。

エッ？　どうしたことか味がない。口に残ったのはポン酢の酸っぱさだけ。ハマチの刺身を選んだ方がよかったと後悔した。数枚を一口で食べることを知ったのは、ずっと後のバブルのころである。

それでも万人が認めるのだから、鍋にすればきっと美味しいのだろう思った。

そんなある日、どうしても食べたくなり祖母にフク鍋を頼んだ。当時、祖母とは二人暮らしで、身の回りの世話を受けていた。その祖母は顔をくもらせると、

「……魚屋へ行ってみてくる」

と、元気のない声を出した。

夕方食卓に座ると、祖母は蓋にひびが入った土鍋を持ってきた。私は手ぬかりなく、ビールをコップになみなみと注ぎ待ち構えている。

期待に胸をふくらませ蓋を取った。ところが中に入っていたのは、二十センチばかりのナゴヤフク（ショウサイフグ）が四、五匹とナスだけ。白菜や豆腐などの具は一切ない。

私は憮然とし、フクのようにほおをふくらませた。だが祖母は、

「おじいさんがナスを入れると毒に当らないと言っていた」と、珍しく声を荒げた。私は倍返しで言い返す。だが、フクの誘惑に勝てず一匹、皿にとって口に入れた。

なんと、予想以上に美味しいではないか。だが口げんかした手前、そこで無理やり箸を置いた。さびしそうな顔つきをしていた祖母は、ホッとしたような表情を浮かべると残りを捨ててしまった。

ちょっぴりほろ苦い記憶である。

鍋の季節がきた。フクとナスだけの鍋を、お腹いっぱい食べたい。

# 祝

東京に住む三歳の孫娘が七五三で帰省。妻は慣れぬ手で、一週間かけ晴れ着に上げをした。私は何もせず、二人でこの日を待っていた。

晴れ着を着せると、お転婆さんが一変してお姉さんらしくなった。その姿にジイジとバアバは思いっきり目を細める。

早速、岡山市内の神社に参拝した。この日は大安の日曜日とあって、初詣のように混雑していた。祖父母、両親たちに連れられ、着飾った主役は嬉々としている。そのなかで、自分の孫が一番かわいく見えるから不思議なものだ。

境内では式を終えた子たちが活発に動きまわっている。屈託のない笑顔が眩しい。この子たちが将来を担うのかと思うと頼もしくなる。

ハレの日だ。一生懸命、写真を撮っている親たち。強い絆で結ばれた小さな集団が幾つもできていた。その姿は幸せに満ち溢れている。こどもの成長を祝福する歓声で暖かい風が吹く。みんな健やかに育つのだ。

# 第四章

ミシガン湖の夜明け

# イヌとネコ

正月二日、午前七時前。まだ日は昇っていないが既に明るい。

ネコにせかされ散歩する。玄関を出るとリードを引っ張っていたネコが急に足を止めた。見ると、道路に中型雑種犬を連れた散歩人。ネコは尻尾をピンと立てると、タヌキのように膨らませ睨みつけた。イヌも立ち止まりじっとネコを見つめる。

散歩人はスピードスケート選手のような、真っ白い防寒キャップを被り、丸い顔だけ覗かしている。まるでヒツジのようだ。連れているイヌから判断すると、時おり見かける中年女性に間違いない。

そのときイヌが、

「ワン」と一声。威嚇ではない。声の感じから、気を引こうとしているようだ。すると女性は、「いつも遊んでいたネコが半年前に死んだんよ。それに似とるんで、友達じゃ思うとんです」と、馴れ馴れしく言う。

確かにイヌは穏やかな目をしている。ネコもそれが分かるのか、そんなに脅えているようにない。だが所詮、犬畜生のこと。何が起こるかわからない。早く立ち去るようにお願いした。

そもそもイヌとネコは仲が悪い。ネコにとってイヌは天敵のようなもので、いつもイヌに追いまわされていた記憶がある。それなのに友好的というのは、どうしたことだろうか。

そういえば、散歩中に犬同士が出くわしても争うのを見ることがない。それどころか互いに尻尾を振り合ってあいさつしている。ドックランでも、子どものように仲良く遊んでいる。ペットブームの今日この頃。至れり尽せりの飼育で本能を忘れているようだ。

町中では野犬をみかけない。それよりもイノシシ出没のニュースの方がはるかに多い。野犬はもとはと言えば、飼い主の勝手で放棄されたものだ。それなのに見つかればたちどころに保健所行きのご時世である。生きる本能を取り戻し、満ち足りた環境で生活するイヌを攻撃。となれば、飼い犬はパニックに陥りひとたまりもないだろう。

妄想はともあれ、イヌネコが仲よくするのはよいことだ。人類は民族、宗教、イデオロギーなどを超越して仲よくなれないものかしらと思う。

今年のたわ言初めである。

# ソテツと「島歌」

二月中旬、奄美大島のツアーに参加した。以前から一度は訪れたいと思っていた地だ。奄美空港に到着すると、団体ごとに集合した。私のグループは二六人。その姿を見て、一瞬ひるんだ。何と敬老会ではないか！　杖をもたれた方も数人いる。バスの運転手さんもガイドさんもベテランだ。そういう私も同世代。

車窓にはサトウキビ畑が点在していた。ホテルで若い女性職員にいつごろ植えるのか聞くと、

「年中あるから気にかけたことがありません」

という。仕方なく翌日、ガイドさんに尋ねた。収穫は十二月中旬から四月ごろまでで、三年に一度、植え替えるそうだ。

ソテツの横を歩いていると、薄茶色の実が落ちていた。形も大きさもラッキョウそっくりだ。ガイドさんが、赤いソテツの実の表皮がはがれたものだという。

「持ち帰って植えると、二十年後に実をつけます」

二十年？　みんな苦笑した。その頃は……。

食糧難の時代には味噌にしたこともあるそうだ。それなら黒砂糖と合わせれば、名産品ができるのではと迷案がひらめいた。ただし強い毒性があり、処理を誤れば命取りになるとのこと。所

詮、素人の考えそうなことである。

車内に疲れが見えはじめたとき、ガイドさんが「島娘」のCDを流した。一人がそれに合わせて歌う。すると、次々と歌うものが現れた。車内は一遍に明るくなる。疲れは吹っ飛び、和やかな雰囲気が漂う。

その夜は宿泊所のレストランで、食事を取りながら「島歌」を聞く。三線《さんしん》を弾く二人の男性と、歌い手の女性の三人組が登場した。解説と踊りを加えながら演じる。女性が簡単な踊りを教えてくれた。阿波踊りか、盆踊りのようなものだ。突然、私たちを立たすと踊るように命ずる。

みんなは頭上で手をくねくねと動かし、輪になって練り歩いた。テンポの速い三線の音と指笛。集団は徐々に乗ってくる。四、五人いた従業員も全員が輪に入った。二十前後と思われる地元の女性従業員は、うまいだけでなく完全に乗り切っている。一同は盛り上がり大騒動となった。私はみんなの体を心配したほどである。

つかの間ではあるが、奄美の民俗に楽しいひとときを過ごせた。

持ち帰ったソテツの実は植えるつもりは無い。それでもなぜか「島歌」が頭から離れなかった。

# 黒糖の島

二月中旬、奄美大島に旅行した。観光主体のものには乗り気でなかったが、奄美という固有名詞に心が動いた。忘れていた記憶が甦ったのだ。

昭和三十年頃のこと。小学二、三年生のときである。自宅の門に駐在所の警ら箱が設置されていた。警察官が巡回に来ては、中の書類に押印していた。

そんなある日、学校から帰ると、庭先で警察官が祖母と立ち話をしていた。祖母が、

「巡査さんが黒砂糖（黒糖）をくれたから食べなさい」

と言って、ちり紙に包んだ黒褐色の塊を取り出した。故郷の奄美大島から届けられたそうだ。

当時、砂糖は高価で貴重な甘味料。こっそり砂糖坪に指を入れ、一口なめるのがやっとだった。私は二人を横目で見ながら、小さな塊を口に入れた。途端に、舌先から伝わり体中に広がる初体験の味。駄菓子とは全く異なる、不思議な甘さであった。かまずに口で溶かし、ゆっくりと味わう。満足そうな私をみて、警察官は微笑んだ。そして私たちに話をしてくれた。

奄美は年中暖かで海は青い。ソテツで味噌を作り、黒糖が沢山できる。私はそれを聞いて夢を描いた。大人になったら奄美を探険し、台湾砂糖木（サトウキビ）を見つけて、海辺で腹いっぱい食べるのだ。

空港からバスに乗り換え、少し走ると亜熱帯広葉樹の原生林が広がった。山道では早々と、天然記念物のルリカケスに出くわす。ルリ色と赤褐色の羽毛が美しい。少年時代であれば、どれほど驚嘆したことだろうか。

森を抜けると収穫中のサトウキビ畑が点在していた。その向こうは水平線の彼方まで群青色の海が続く。少年時代の夢と現実の風景が重なった瞬間である。枯渇していた感動が徐々に潤ってくる。

私はひとり別世界で、童話のような記憶に酔いしれた。

見果てぬ夢でも、実現可能な夢。例えば、草原を一日中歩く。満天の星を眺めながら一晩中、生命体を空想する。それらの中から、次はどれを選択しようかと思う。

口に入れた黒糖の甘味が、意欲とともに広がって行く。

# 花の出会い

四月末、倉敷市民会館で、ある流派の華道展が開催された。会場には季節の花木や、見たことの無い珍しい花が生けられていた。品種改良が進み年々新種が出るそうだ。カーネーション一つとっても数え切れないほど種類が増えている。そのなかで、大きな花器に入った一メートルを超す山ツツジに目が止まった。これほど立派なものをよく入手したものだと感心する。

作者に尋ねると、生け花用に長年、裏山で管理しているものだという。四季折々の花木を見ると、どう生ければ美しくなるか、考えるだけでときめくと付け加えた。じっと見つめていると、その心意気が伝わってくる。珍種の花と華麗さばかりに目を向ける自分に羞恥する。

京都から来られた家元の講評があった。「お花」には出会いがあるとおっしゃる。つまり、花との出会いに始まり、それを生ける花器、そして完成した作品を鑑賞する人。このように、次々と出会いがあるということだ。それを楽しみ、大切にするのも重要なことだそうだ。

しょせん、私は素人。これまで、お花とは流派の法則に従い、感性と直感的なひらめきで美を追究するものだと思っていた。それゆえ、この言葉には目が覚める思いであった。それもそうだ。花は生きている。いけ込んでも一刻足りと同じ体を保つのは難しい。それどころか、数日後には消滅してしまう。華麗さとはかなさを合わせ持つ瞬間的な美だ。と、華道家になった気分である。

時間にまかせて、じっくりと鑑賞する。この作者は何を感じて生けたのか、どんな出会いがあったのだろうか？　むろん分かるはずないが、こうした見方で自分を楽しんだ。新しい「お花」の見方と出会ったのである。

# 和製ファストフード

午後一時。博多発の新幹線「のぞみ」が東京駅の一八番ホームに到着した。乗客は下車すると改札口を目指し、激しい流れを作っていた。私はそれに逆らい、上りの先頭車である一六号車の方に向かった。目指す所はその先にある立ち食いそば店。昨年、上京したときに入ったのだ。そのとき女性従業者が、「東京駅でホームにある立ち食いそば店はここだけです」と教えてくれた。テレビの取材も受けたという。そのことを思い出したのである。

自動販売機で食券を買うと中に入った。中年男女二人の従業員と、サラリーマン風の中年男性客二人がいた。むろん椅子は無い。その代わり、カウンターに五〇～六〇センチメートル間隔で線が引かれていた。それが一人分の空間である。

食券を渡すと、横目で客をさりげなく窺う。一人は無表情。もう一人は足元のカバンを気にしながら口にしている。共通しているのは食べ方に違和感が無いことだ。立ち食いそばの愛好家であろう。

目を正面に戻したときには、注文のキツネそばが出された。驚くべき速さだ。小さいが、四角いアゲが二枚も入っている。ツユは関東風の濃い味付け。ちょっと濃過ぎるが、レトロさが味を増幅させ美味しい。

中年男性が入って来ると無駄の無い動作で食券を渡した。私は速いからくりを見ようと厨房を覗き込んだ。従業員は冷凍麺を取り出し熱湯に入れる。それが温まる間に、丼に入れた出汁醤油に湯を注いだ。

なるほど速いわけだ。これだと発車時間が迫っても十分間に合う。

後日。マリンライナーが岡山駅の六番線に到着すると、人の流れと反対に進む。目当ては立ち食いそば店。ぜひ地元のものを食べたかったのだ。学生さんは大盛りサービスの看板がうれしい。券売機の前でうどんかそばか迷った。うどんを食べ慣れているので心が動く。他に誰もいないからあわてずに考えられる。初心貫徹。やはり、そばにしておくか。

店内には中年男性客が一人いた。集中して食べている。この人も愛好家に違いない。

出されたキツネそばには、大きなアゲが一枚とかまぼこが二枚入っていた。時間は十分にある。ゆっくりと味わおう。

ツユを一口すする。地元風に味付けされた私好みの味。美味い！

立ち食いそばは岡山に限る。私も愛好家になりそうだ。

※六番ホームの立ち食いそば店は平成二八年六月に閉店し撤去されている。

# 許してやろう

岡山駅から午前九時過ぎの新幹線に乗ると、午後一時に東京駅に着いた。八王子に向かうため中央線に乗り換える。

列車は空いていたので、出入り口横のシートに腰掛けた。乗客は停車のたびに増え、立つ者が出始めた。圧倒的に学生風の若者が多い。気にかかるのは、陳腐な表現でいえば能面のような顔をしており表情が無いことだ。都会生活は疲れるのだろう。

何駅か通過して横を見ると、ポッコリとした大きなお腹が目に入った。見上げれば、二十代半ばの妊婦さんである。いつ乗車したのか、実直そうな夫と立っていた。

改めて周囲を見回す。腰掛けた若者たちはみんな自分だけの世界に入っている。私は（席を譲ってやれ！）と言いたい衝動に駆られた。だが所詮は小心者。そんなことは間違っても口に出せない。代りに立ち上がって席を空けた。

「どうぞ」

彼女は怪訝そうな表情を浮かべた。席を譲られることは全く期待していなかったようだ。しかも、白髪交じりの私に。それでも表情を一変させると、

「すみません」と、本当に喜んだ笑顔を浮かべた。

私は決まりが悪く、周りの様子をこっそりとうかがった。お節介なジイさんだと思う人がいるかも分からない。だが、それは杞憂に過ぎなかった。全くその気配は無い。

腰掛けた若者たちは、お決まり通りスマホに目を落とし、顔をあげようともしない。中には参考書を覗いているのもいた。まあ、こいつだけは許してやろう。ようするに、他人事には全く感心が無いのである。

私には古希の足音が近づいている。立つのが苦痛になるのは時間の問題だ。他人のことより、自分のことだけ心配すればよくなる。寂しい限りだが。

十分ほどして目的地がきたらしく、

「すみませんでした」

妊婦さんは感謝に満ちた声を出し立ちあがった。私も軽く会釈を返す。

その一瞬の隙をつき、若い女性がその席へ滑り込んだ。まるでイス取りゲームである。よいではないか。私をまだ若いと考えたのだろう。それに、まだまだ立っていられる。こいつも許してやろう。

# 記憶に残る旅

十月中旬、佐渡島へのツアーに参加した。一行は二十数人で推定平均年齢七十歳代である。佐渡は金山とトキの島。世界遺産の候補に落選し再度、挑戦中という。どんなところか興味をひかれる。気にかかるのが、睡眠不足と季節の変わり目による体調不良だ。

島内観光は大型バスのため空席が多く座席は自由であった。中央付近に腰を降ろす。発車してしばらくすると、女性の大きな声が聞こえてきた。添乗員やガイドさんの説明を無視し、二人の世界で会話している。女性の旅ではこんなものだろうと理解するが、それにしても耳障りである。

観光地で下車したときうかがうと、小太りと中肉の還暦前の女性二人である。真犯人と思われるのがメガネのふくよか女性だ。人懐こい顔付きをしており、オバQのノビタを連想させる。憎めない。私の怒りは少し収まった。

再び乗車すると、機関銃トークが始まる。限界がきた。注意しようと思うが勇気がない。静かになったと思えば眠っている。ストレスで、ガイドさんの説明が上の空だ。自分のか細い精神が情けない。

その日最後の観光地となる佐渡金山で、砂金取りの体験をした。係員の説明によれば平均三個の砂金が採れるそうだ。ただ、大抵の人は本気になり体中が痛くなるという。私は八個採ったが例外なく腰が痛い。だが機嫌は直った。

夕食の会場は大広間で、決められた席に着くと目の前に例の二人連れがいた。ビールが苦い。不快そうな私の顔を見ながら、ノビタは紅ズワイガニの爪を豪快にかぶり割る。黙っていてよかった。

温泉につかってもストレスは発散されない。心が表情のない顔のごとく、感動のない一日だった。

翌日は二人を避けて前方に乗車した。走行中、バスが急停車した。車内で喚声があがる。野生のトキが飛んでいたのだ。翼の朱鷺色が美しい。田には五、六羽が餌を啄ばんでいる。佐渡にきた甲斐があった。

新潟ふるさと村の観光が終わり、新潟空港へ向かうのみとなった。ところが出発時間になっても二人組が帰ってこない。添乗員とガイドが捜しに行く。

二十分以上も遅れて帰ってきたが、ノビタはけろりとし悪びれた様子はない。まさに、あきれて物が言えないとはこのことだろう。

佐渡の旅は散々であった。私の頭に負の記憶遺産として登録されてしまった。

だが、本来の佐渡は素晴らしいはずだ。季節と体調のよいときに、記憶を書き換えるため再訪したい。

# 和製文字

公民館の仲間と和食店で昼食会を開いた。

席はまだ配膳前で、一膳の箸と湯呑みが置かれていた。その湯呑みに目を引かれた。白地に赤色で散らし書きされた雪月花の三文字。

デザイン的には中華と錯覚しそうだが、まぎれもなく和食の湯呑み茶碗だ。雪月花は紫陽花《あじさい》、女郎花《おみなえし》など、花の名前だろうと思った。

私は食事のとき茶を飲む習慣がないし、焼き物に関心が薄い。それでもなぜか興味を憶え手にとって眺め回す。

上部に一本の赤い線と三文字。それ以外、何の模様もない。文字を印象付けるためだろうか？

当然、その意味を知りたくなる。

向かいの席の人がお茶を入れてくれた。礼のついでに尋ねる。

「さあ？　四季でも表しているのでしょう。でも三文字しかないし、雪は寒すぎるし……」

首をかしげて曖昧に答えた。

正しくは「季節の美しい風物」という意味らしい。なるほど、文字で四季の風物を思い起こさせるのか、と感心した。風流なものだ。

そういえば、すし屋で魚偏の魚名が書かれた湯飲みをよく見かけた。何と読むのか、皆で考えた。

魣《ひらめ》、鰆《さわら》は想像がつく。鰍は秋刀魚《さんま》が相応しいのに、カジカまたはドジョウ。鮗《このしろ》はブリと読むべきだ。太刀魚は魚偏に刀と書けばよい、などと好き勝手にしゃべりあったものだ。

風雅とは言い難くても、一文字から魚名を表すのは面白い。多くは和製文字かもしれないが、すし屋にピッタリである。

食事を終え、外に出ると冬だというのに暖かい。古の人は、暖冬をどのような言葉で表現したのだろうか？　おそらく趣のある一語があるはずだ。

「厚着知らず」すなわち「無厚着」はどうか、と勝手に考えて楽しむ。

翌日、目覚めると猫の散歩に行く。まだ夜明け前なのに寒くない。西の空を見ると、円形に近い月が残っていた。徐々に白んでくる。

　冬も曙、有明の月。

このような早朝であったのかしらと思う。素晴らしい文には、和製文字を思いつくことすらできない。

# 運

駅前の大通りを通行していると、歩道に十人ほどの行列ができていた。宝くじ売り場である。眠っていた欲望が目覚め、バラで十枚購入した。

私は宝くじの愛好者ではない。何かの拍子に買ったのが四、五年前のこと。そのとき女性店員が「ありがとうございます」の代わりに機械的な声で、

「当たりますように」と、作り笑いを浮かべながら言った。「当らんでもえぇよ」と私。店員は日常の口調に戻ると、

「まあ！　奇特な人じゃなあ」と大笑いした。本当にそう思っていたが、外れると意外にもがっかりした。こんな男だから、運がなくて当然といえる。

テレビで、「運」について科学的に解明する番組があった。それによると運のある人は、まず神経質でないこと。結果ばかりを気にしていては何事も進展しないからだという。つまり、「宝くじは、とりあえず買わなければ当らない」ということ。まさにそのとおりである。

次に社交的であること。多方面に顔が広ければ、それだけ様々な好機に出あう機会が増えるそうだ。当然、宝くじに当たる機会も増える。まだまだたくさんあったが、私には該当しないので忘れてしまった。

若いころ、高額当選金に当れば銀行のどの窓口で換金するのか、どうやって持ち帰ろうかなどと心配したことがある。余計な心配するよりも、抽選日までは世界漫遊、超高級車を買うという夢を見るべきである。

正月、新聞を開くと当選番号が目に入った。宝くじ券と照合する。

「あっ！」

思わず声が出た。次に出たのが、

「惜しい」

三等五万円の当選番号が７２４９。宝くじ券は７２６２。何と一三番違いだ。といっても、下二桁が合致するのは百分の一の確率。と、冷めた思いが頭をよぎった。こんなことを考えるようでは、いつまで経っても運が来ない。惜しいと笑顔を浮かべて悔しがることも必要なのだ。そういえば、番組で運には熱意と積極さが必要だといっていた。

猫をなでながら考えた。性格を変えるのは無理でも、社会を広げることは可能である。多くの人やものと出会えば、それだけ生き方に広がりができるはず。犬も歩けば棒に当たる。棒を「好機」と考えればよい。もっと社会に出よう。

宝くじは一獲千金の夢ではなく、生き方を教えてくれた。負け惜しみでなく、貴重な教訓を得た気がする。

高額当選金に当るより、はるかに運がよいのである。

# ある日の三景

　岡山行きのマリンライナーに乗った。

　いつものよう優先座席付近に立った。車内を見渡すと、混雑時は過ぎており空席が目立つ。それでも私のような変人が数人立っている。不気味なほど静かだ。

　妹尾駅に停車すると、七十歳をはるかに過ぎたと思われる女性が飛び込んで来た。優先座席にドスッと座り込むと、カバンからスマホを取り出し電話をかけはじめた。

　横の窓には、優先席では携帯電話の電源を切るように表示されている。その矛盾が面白く、思わず苦笑した。同時に軽い怒りが起こる。団塊世代の私が使えないスマホを、年上の人が操作しているという、軽い嫉妬によるものである。


　岡山駅から桃太郎通りの歩道を通行した。

　信号のため立ち止まる。すると隣にいた七十歳代らしき二人連れの女性が、

「あんた、車が来てないから渡ろうや」というと、信号を無視して行った。

　確かに四メートル足らずの一方通行の道である。安全に渡れることは渡れる。健脚であることを神に感謝すれば許してもらえるかもしれない。

再び信号にかかった。歩くペースが乱れる。車は来ていない。悪魔がささやく。「信号無視せよ」

そのとき横にいた幼稚園児らしき子を連れた若い母親が、「信号が青になったら渡れるんよ」と子どもに教えている。

一瞬、軽い冷や汗。もし信号を無視していたら……。

帰宅のため、岡山駅で列車を待っていた。最後尾の乗車口には十人ほどが列を作っていた。安全確認をしていた駅員さんに八十歳近い女性が電車の行き先を尋ねていた。小柄で少し腰が曲がった、人の好い感じを受ける方だ。日頃、あまり鉄道を利用しないのだろう。

目的の列車らしく、礼をいうと列の先頭に割り込んだ。一瞬、行列に緊張が走った。すかさず車掌さんが、列の順番に並ぶよう声をかける。女性は驚いて振り返った。行列ができているのに気づかなかったようだ。いかにも申し訳なさそうに愛想笑いを浮かべると、「すみません、すみません」とみんなに断りながら最後尾へ並ぶ。列の緊張は緩み、暖かいものが漂い始めた。

その様子を見て、座る意思がないので並んでいない私も微笑んだ。

四国から到着した列車を見物してから発車直前に乗車する。車内を見回すと、座席は埋まっていたが、あの女性は優先座席の一つ前の座席に座っていた。

誰かが席を空けてくれたに違いない。

# 梅の熟れるころ

「キチキチキチ」と甲高い声。菜園で五月頃に聞く小鳥の声だ。

春になると家庭菜園の季節が始まる。連休の終わりに定番のナス、キュウリ、トマトを植えた。菜園の端には百五十平方メートルほどの樹木の繁みがある。そこには名を知らぬ針葉樹、広葉樹、梅などが植えられていた。所有者から華道の枝物に使うためと聞いている。放任しているためジャングル状態だ。

繁みの中から一羽のモズが飛び出した。鳴き声の主である。

モズは秋になると「キィー、キィー」と鳴き、春には姿を消すので渡り鳥かと思っていた。ところがそうとは限らないようである。

以前、声の主を確かめようと繁みに入り、ようやく正体が分かった。そこにいたのはモズだった。近くには巣があり、なかには二個の卵。守ろうとして必死で警戒音を出していたのである。確かにモズは百の舌の鳥と書く。他にも様々な鳴き声が出せるのだろう。

それはともかく結局、親鳥は卵を放置してしまった。後悔して、以後はキチキチ声が聞こえると繁みに近づかないようにしている。

五月だというのに真夏のように暑い。汗だくで草を抜いていると、寝不足で貧血が起こりそうだ。栄養剤が頭をかすめると、梅の木を思い出した。そろそろ熟すころだ。

そっと繁みに近づくと案の定、色づきかけている。巣が近くにないことを確かめ、一個採ってガリッとかじる。

「酸いっ！」

疲れが吹っ飛ぶ。連想ゲームのように、昨年漬けた梅干が頭に浮かんだ。

翌朝、起きると体が重い。早速、梅干を取り出した。口に入れると、効果てき面、瞬時に目が覚め菜園へ向かう。涼しいうちに手入れをしておきたい。

菜園では今日も鳴き声が聞こえる。早く巣立ってくれ。梅の収穫時期を逃してしまう。

そのとき、一羽が小さなカエルのようなものをくわえてきた。ふ化しているに違いない。

梅よ、熟れるのはもうちょっと待ってくれ。

# 梅雨空に思う

どんよりとした空から雨が落ちてきた。田植えを終えたばかりの水田に波紋が出来ては消えて行く。

よどみに浮かぶうたかたはかつ消えかつ結びたりて久しくとどまりたるためしなし。

『方丈記』の一節を連想する。

波紋は雨足が弱ければ大きく広がり、強ければ瞬く間に消えてしまう。余生をバタバタと過ごせば、あっという間に燃え尽きることを暗示しているようだ。

深夜、雨音に目が覚める。近頃にない不安を引き起こす激しさだ。どこかで災害が発生しそうである。必要でも程々でなければ困ってしまう。

翌朝目覚めると、昨夜の雨が嘘のような青空だった。畦が水没しそうになった水田から、満水の用水へ水があふれだしている。

驚いたことに、数日前に植えられた稲の苗が田から消滅していた。半信半疑で近寄ると、水草のように水面下にあった。他人事ながら、枯れてしまわないのか心配になる。だが、農家の人は誰一人として、慌てふためく様子がない。

夕方になると水は減り、苗は水面から顔を出した。確かに稲は水稲である。水には強いのだろう。その水田を二羽のシラサギがゆっくりと歩いている。ときおり長いくちばしを水中に差し込み、用水から流れ込んだ小魚らしきものをくわえている。水田の中だと獲物を捕食しやすいようだ。

近所もミニ開発が進み、ひところよりも水田が減った。それでも田園風景は同じに思える。時代により背景が変わるのは、時の流れを表している。

田植えは一斉に行われているようではない。すでに終えた場所や、まだ代かき段階のところがある。それと目につくのが、中年世代が農機具を操作し、年齢不詳の高齢者が見守っていることだ。後継者へバトンタッチしているのだろう。いずれにせ、面積が減っても当分の間、水田は維持されるに違いない。

社会事情が変わっても、稲作は日本農業の原点。梅雨のころには田植えが始まり、その上空をツバメが低空飛行する。

郊外で、いつまでも続いてほしい田園風景である。その下で焦らず急がず、ゆっくりと過ごしたい。

# 運動会のこと

五月。小学校近くを通ると歓声が聞こえた。運動会だ。以前は十月だったが、二学期制を試行した影響が残り、この時期になったという。

ふと、運動会のことを思い出した。

三人の子供がみんな同じ小学校へ在校していたときのことだ。保護者による地区対抗競技の出場を頼まれた。二人三脚リレーである。若いお母さんが主人の都合で相方がいなく困っているとのこと。五十路が近い私は渋った。

妻に話すと、私が彼女と代わると言い出した。妻の勤務先の運動会は別の日だったのだ。結局、私たち夫婦がペアとなった。

当日、第一走者。当然、他のペアは私たちより若い。コースは百メートルトラックの半分だ。号砲と同時につまずくことなくダッシュした。断トツで第二走者へバトンを渡す。振り返ると最終ペアはまだコースの半ばにいた。

私は山が趣味で、妻は現役、といっても二人ともごく一般的な体力しかない。要は二人の息が合っていたということだ。

「さすが、高尾さん夫婦」と、意味の取りようがないほめ言葉をいただいた。

地域では毎年、町内運動会を実施し字《あざ》で地区を分け対抗していた。年代別のリレーに出てほしいという。三十歳代がいないので、その代役を五十歳代の私に依頼したのだ。逆ではないかと耳を疑うが、どの地区も似たようなものらしい。

バトンを受け取ると全力疾走した。平素から足を動かしていたこともあり、前をよたよたと走る同世代らしき人を軽々と追い抜く。おそらく仕事が忙しく運動などする暇のない方であろう。この人も無理やり頼まれたに違いない。歓声の中、バトンを渡すと複雑な気持であった。平生から体を動かすゆとりがある自分は恵まれているのだろうか。

最後に綱引きがあった。両組とも数合わせで老若男女がロープにしがみついている。数回引っ張り合ったそのとき、

「ブツッ」という異音。考えられないことに、ロープが切れたのだ。両者は反対方向に将棋倒しとなった。羽根布団の上に転んだ感覚。振り返ると相手はふくよかな女性である。顔を見合わせ、けがのないことを確認し大笑いした。

その日を最後に運動会は、人が足りないからという理由で中止になった。

小学校のグランドをのぞいてみる。少子化の影響か、観客は思ったより少ない。家族、地域が一体となり応援しあった日が懐かしく思い出された。

# 車無き日々

車検を機に、十五年乗った車を買い換えることにした。総走行キロ数は七万キロ。燃費は十キロがやっと。更新時期が遅すぎたくらいだ。車検切れの一か月前に車を注文した。

住んでいる場所は郊外である。コンビニはあってもスーパーは遠い。医院は眼科と皮膚科のみ。車は必需品である。ただし納入に三か月はかかるとのこと。

車に依存しない生活が始まった。といっても、装いを新たにといった大げさなものではない。平素から往復十キロ程度の距離は自転車を使用している。いざというときは妻の車がある。ちょっと不便になったかな、というのが実感だ。

数週間もすると、それが当たり前の生活になった。販売担当者に、

「慣れたから車は要らない」と本気でいうと、

「ご冗談でしょう」と書類で口を押えて笑う。

もっとも雨天の通院日に妻の車が使えず、診療時間に遅れそうになった。遠方のため、知人と会う約束を断ることもあった。こういう時は、つくづく車の利便性を痛感させられる。

そんなある日、歩行者自転車専用道を走っていると、自転車の高齢女性に追い抜かれた。電動

アシスト自転車だ。体力の衰えを実感する。自分の姿が高齢女性と重なった。同時に、この手もあるのだと安心する。

数年後には自動運転の車が市販されるという。驚異的に開発が進むＡＩ（人工知能）。運転適性について心配する必要はない。安心して加齢できる。いやいや、それより車のない生活を実践するのが先決だ。それには、第一に健康管理。次に足を使うという強い意思をもつこと。

自転車を踏みながらいろいろと夢想する。頭の中では、車がなくても生活できそうだ。傍らを静かな音で車が走って行く。現実に戻った。

数日後、納車の連絡が入った。

どこをドライブしようか、あれこれ考えている自分に気が付いた。

# あした天気になあれ

東京に住む孫娘の運動会に行くことになった。

幼稚園年中組の優衣ちゃんは、小柄だが活発な女の子である。誰に似たのか、かけっこが得意らしい。運動会でプリキュア（アニメ）のダンスを踊るから、岡山のジイジとバアバに見てもらいたいとのこと。私たちは二つ返事で引き受けその日を楽しみにした。

一週間前になると天気が気にかかり始めた。週間予報では東京地方はくもり。これなら日焼けしなくてよい。

数日前には、くもりで夕方頃から雨の予想。とりあえず昼過ぎまで持ってくれ。

新幹線に乗ると、電光掲示板にはくもり時々雨の表示。ちょっと雲行きが怪しくなった。

八王子のホテルに着くと雨は降っていなかった。明日は大丈夫かもわからない。会場が近くなので明朝、息子一家とホテルで落ち合うことにした。

早朝、目覚めると窓から眼下を見下ろす。ポロポロと歩く通行人は傘をさす人、ささない人が半々だ。小雨が降っているらしい。責任者は開催の判断に、さぞ苦慮することだろう。

孫たちとホテルで落ち合う。早速、優衣ちゃんはバアバと手を取り合って喜んでいる。そのときお嫁さんのスマホに着信音がした。

「運動会は順延になりました」

がっかりした様子で話す。私たちも力が抜けた。優衣ちゃんはよく理解できないのか、手をつないだままキョトンとしている。まあ、明日夕方までいるので、見て帰れると気を取り直す。

息子の自宅へ着いた時には本降りになっていた。再び連絡が入り、

「明後日に延びました」とお嫁さん。

まさかと驚いた。何のために東京に来たのか！　明日は妻に仕事があり、帰らなければならないのだ。だが、グランドの状態が回復しなければどうにもならない。窓につるした大きなテルテル坊主が申し訳なさそうに揺れている。

雨を見ながらボンヤリしていると、優衣ちゃんがプリキュアのダンスを見せるという。嬉しそうに手足をバタバタして踊っていたが、

「上手、上手」とはやすとやめてしまった。照れた顔をして、催促しても再び踊らなかった。

数日後、写メが届いた。かけっこはぶっちぎりの一番。ダンスが踊れて喜んだとある。Vサインをしてポーズをとった顔は天真爛漫そのものだ。

来年は三歳になったばかりの弟も入園する。二人の踊る姿を見てみたい。

お天気よ、意地悪をしないでくれ。

# 植

二月というのに、例年に比べて晴天が少ない。時機を見てジャガ芋を植え付けるため菜園へ出かけた。

ところが、どうしたことか玉ネギの様子がおかしい。順調に生育していたのが、葉に腐ったようなものが混じっている。病気だ。すぐに引き抜いて捨てる。

暖かくなった三月ころには、ほとんどが感染していた。後日、真菌性のベト病だと知った。中生のものは全滅。聞くとほとんどの家庭菜園が被害を受けたらしい。原因は湿気と暖冬という。初めての経験に力が抜ける。

その後、産地の佐賀県でも被害が拡大し玉ネギが高騰した。

秋には北海道も台風による被害を受けた。それだけではなく、九月の長雨では玉ネギの苗が不足した。

家庭菜園を楽しむ知人たちは、葉物が育たなかったと嘆く。私とて同じ。共通していることは温暖化による気候変動が原因らしいということだ。

こんな形で環境問題に直面するとは思いもしなかった。来年は環境保護意識がもっと高まればと願う。

# 第五章

# 名前が二つある猫

車庫から突然、妻の素っ頓狂な声。驚いてそちらへ向かう。するとそこには、前かがみになって息子の車を覗く妻がいた。眉間に深いしわをよせている。どうしたのか尋ねると、中に猫がいるという。そんな馬鹿な、と半信半疑で覗くと、倒された後部座席に大きな段ボール箱があった。試しに拳で窓ガラスをトントンと叩く。即座に「ミャーオ」という反応。同時に、段ボール箱が活気付いた。間違いない。

妻は、息子が哺乳瓶を持っていたので不審に思い発見したという。息子といっても、もう二十代半ばだが。すぐに呼んでドアを開けると、ダンボール箱の中では生後間もない二匹の仔猫が暴れていた。私の顔を見ると、一段と大きな声を上げ、よじ登ろうとする。彼の言い訳では、保健所送りが可哀想なので、知人から引き取ったそうだ。冗談ではない！　猫なんて飼うわけにはいかない。それも二匹も。第一、誰が世話をするのだ。これまでにモルモット、小鳥、熱帯魚等々、最終的に全て私が世話をする羽目になったではないか。

一悶着の末、可愛らしい白茶の雌は獣医の紹介で飼い主が決まった。もう一匹のやんちゃな白黒の雄は、我が家で飼うことになった。名前は私がつけた。背中が黒いからクロである。当然の権利だ。それに条件もつけておいた。家の中で絶対に飼わないこと。破れた障子や、傷だらけの柱を想像しただけでぞっとする。

二年を過ぎるとクロはすっかり成長した。日中、私が在宅のときは、リードで玄関の柱に繋いだ。夜は玄関のたたきに置いた三層の猫ハウスに入れた。覚悟はしていたが家族の期待通り、面倒は全て私が見ていた。玄関にも別に、猫トイレと爪磨ぎ器も置く。一見、しおらしくそれで磨いでいるようだが、人目を盗んでは柱をガリガリやっている。それどころか、通学中の小学生がかまってくれると大喜びで、柱の上までよじ登ってポーズを決めた。その姿は半世紀前に流行った、ダッコちゃん人形を彷彿させる。当然のこと、二本の柱は傷だらけとなった。悪戯も酷く、そのたびに「コラ」と叱る。余り叱るので、ついには「コラ」と言っても「クロ」とよんでも反応した。まるで、名前が二つあるようだ。

そして六月。ちょっとしたハプニングがあった。配達された朝刊の岡山版を開くと、飛び込んできた猫の大きな写真。不機嫌そうな顔をしている。間違いない！　クロだ。斜めに記事を読む。旧片上鉄道の二代目駅長に就任したとある。元祖駅長猫のコトラが定年退職し嘱託になったので、助役から昇格したとのこと。それも名前が「ホトフ」となっていた。名の由来は直ぐに分かった。息子が関係している旧下津井電鉄保存会が管理する貨車記号なのだ。私に内緒で、その道ではホトフで通しているらしい。ともかくクロは月に一回、駅長の仕事で出勤するようになった。それに引きかえ私は無職。猫に引け目を感じる。いやいや、まだまだ、負けるわけにはいかない。

そんなことを考えていると、玄関でドスンという大きな物音がした。続いてキュッ、キュッというガラスをこする音。クロが玄関の引き戸に体当たりし、ガラスを引っ掻いているのだ。戸を開けると、勢いよく飛び込んできた。ようするにお腹が空いたのである。

毎日がこんな有様である。結局、暇だから逆に猫に構ってもらっているようだ。もっとも、私は気が向けば自分の思い通りに行動できる。けれどもクロの自由は、半径二メートルに満たない小さな空間である。そこから抜け出せるのは、散歩のときだけ。それも私の気紛れで決まる。何と狭い世界であろうか。不憫に思い、少しでも散歩回数を増やしてやろうとした。

玄関へ行くとクロは猫ハウスの三階で眠っていた。名を呼ぶと耳をピッと動かすが、頭をあげようとはしない。もう一度呼ぶと、胡散臭そうに半眼を開く。しばらく物憂げに私を見つめていたが、また目を閉じてしまった。さらに呼んでみる。反応がない。

クロ！　コラ？　ホトフ？　名前は三つもいらない。二つでよい。

# ある小さな冒険

幼児期の記憶は不確実なことが多い。それに、無意識のうちに都合よくつないでいる可能性がある。それでも懐かしい出来事としてよみがえるから不思議なものだ。

「ジイジ、おサカナ見たい」

三歳になる孫にせがまれ、近くの農業用水へ出かけた。群れをなした小魚が、護岸の苔をつついている。体が反転するたびにキラリと輝く。それを二人でじっと見つめた。この情景。どこかで経験したことがある。曖昧な記憶をたどった。

あれから六十年が過ぎた。事情があって祖父母に引取られて間もない頃のこと。祖父が他界したのが幼稚園の夏だったので、それから推定すると四、五歳のときだったと思う。私は人見知りが激しいうえ、生活環境の急変もあって外に出ることが不安だった。頼りの祖母が少しでも留守をすると、捜し求めて泣き叫ぶことさえあった。祖父はそんな孫を慰めようとして、嫌がる私を裏の塩田に連れて行った。

当時の塩田は入り浜式で、多くの人が作業していた。周囲の道は少し高くなっている。その道端から、海水を引いた用水を見下ろした。フナムシが、石垣の隙間を素早く出入りしている。小判型の体に長いひげと沢山の足を持ち気味が悪い。それでも怖いもの見たさに、祖父の手を掴んでおそるおそる覗く。浅い水底にはハゼの幼魚がへばりついていた。他の小魚と違って全く動こうとしない。

祖父は釣り針がついた黒色の木綿糸を取り出した。用水でヤドカリを捕まえ、石で割ると釣り針に付けた。それをハゼの前に垂らす。すると、今までじっとしていた魚は素早く動くと、口よりも大きな餌に食いついた。その行動が面白く、釣りより魚のほうに興味を覚えた。

翌日は私のほうから祖父を誘う。ところが祖父は面倒臭がり、用事をつくって出かけてしまった。仕方なく一人で行くことにした。祖母に告げると、用水に落ちないようにと何回も注意し、麦わら帽子を被せて送り出してくれた。

塩田の仕事は重労働だ。したがって、少年が一人で用水を覗いていても気にする余裕はない。といっても、何か起これば気がつくだけの人目は十分にあった。それに、水深は子どもの膝ほどしかない。したがって祖母はある程度、安心していたのである。

ともかく、魚を見たいという好奇心が私の気持ちを後押しした。眼前に浮かぶ、フナムシの無気味な姿を必死で払いながら塩田に向かう。神経質で臆病な私にとっては初めての大冒険だった。

用水には昨日のように小魚が泳いでいた。海水なのだが、どういうわけかメダカ（カダヤシ？）が群をなしている。それらがチョロチョロ泳ぐのを眺めるだけで大満足であった。それ以上に、一人で来たという自負心の方が強かった気がする。

やがてフナムシにも慣れてきた。捕まえて誰かに自慢したいほどであった。

そんなある日、異様なものを見つけた。石積みの土留めの隙間からのぞく黒い魚の頭。大きな黒ハゼだ。頭の上についた目が、私をにらみつけている。フナムシの比ではない。その恐ろしさに弱虫はべそをかき逃げ帰った。先ほどまでの空元気は、どこかに失せていた。それでも魚見たさに再び出かけた。忍び足でそっとうかがっては後ずさりする。その日から私の小さな戦いが始まった。

黒ハゼは決まっていつも同じ場所にいた。やがてフナムシと同じように怖さが薄れてきた。真上からじっと見下ろす。すると私を見ているのではないことに気が付いた。そんな頭をしているのだ。こうなると大胆になってくる。終にはそれを釣り上げようとしたのである。

苦労して大きな釣り針に餌をつけ、黒ハゼの前に垂らした。期待で胸がドキドキとする。だが、全く反応がない。小さなハゼも場所が離れているのでじっとしている。やはり一人では無理だと考え、しょんぼりと帰宅した。

そして翌日。祖父に秘策を授かり再び出かけた。黒ハゼの前に糸を垂らす。そして教わったように餌を少し動かした。その瞬間、勢いよく飛びついてきた。

勝った。

釣り上げた黒ハゼは頭の割りに胴体が細く、思いのほか貧弱であった。こんなものを怖がっていたのかと拍子抜けした。達成感の反動で、気まで抜けてしまう。それでも十センチ以上ある大物を、糸につけたまま意気揚揚と帰宅したのである。

「ミケ（猫）が喜ぶで」とうれしそうにほほ笑む祖父。私は得意満面であった。不思議なことに、アゴヒゲをたくわえていたかどうかを思い出せないのに、そのときの笑顔ははっきりと憶えている。

「ジイジ、おサカナとろう」

現実に引き戻された。祖父がしてくれたように取ってやりたい。だが捕まえる手段がなかった。諦めさせようと手を取り帰ろうとした。嫌がって手を引っ張り返し、石のように動かない。仕方なく抱き上げた。

ぐずりながら何度も何度も用水を振り返る孫。このことが記憶として残るのだろうか。もしそうであれば、どのような形をしているのだろうか。懐かしい思い出となって欲しい。

孫の顔を見た。

# 見果てぬ夢の隅で

数年前の初秋。屋久島で宿泊したときのことだ。夕食後、夜景を見ようと部屋のカーテンを開けた。だが、眼前は漆黒の太平洋。何も見えない。諦めてカーテンを閉じかけた。そのとき、屋外で微かな人声がした。不審に思い、カーテンの陰から外を窺う。すると、眼下の広いテラスにまとまった人影があった。一人が天を差し、その先を十人ばかりが見上げている。一体、何をしているのだろうか。確かめようと部屋を出た。

テラスは照明が薄暗く、人影がぼんやりとしか見えない。それでも目が慣れると、成人の男女と判別できた。みんな一様に夜空を見つめている。

日没間もない初秋の空は満天の星。それを、もやの様な天の川が二つに分けていた。美しい。少年時代、宇宙を夢見た空だ。だが今は、それを味わう余裕がない。

軽い恐怖を意識しながら、少し離れて聞き耳をたてる。そして、やっと安心した。何のことはない。天文に詳しい支配人が、団体の宿泊客に星座の説明をしていたのだ。

双眼鏡のようなもので観察している。それで星を覗くと、星座が線でつながって見えるとのこと。体験したいが、私は部外者。仕方なく星を眺めていると、絶好のものを発見した。

「あっ、人工衛星」。私の声にみんな振り向く。一瞬の静寂を置いて、

「エーッ、何処？」と、若い女性の声。私は自信をもって南の空を指差した。そこには橙色をした小さな星。瞬くこともなく、一定の速度で動いていた。

世界初の人工衛星が打ち上げられたのは昭和三二年の十月、私が小学四年のときだった。翌月にはライカ犬が搭乗する、ソビエトのスプートニク2号が軌道に乗った。そのことを先生が話すと、クラスは興奮の渦に包まれた。大人になったら絶対に宇宙へ行ける。私はそう信じて、遥かな天に思いを馳せた。

それも話題にならなくなった、翌年の二学期が始まった頃。広場で遊んでいると中学生が「明晩、人工衛星が見られる」と教えてくれた。おそらく時刻は八時頃であり、米国のエクスプローラだったと思う。とにかく理科の先生が言ったので間違いないそうだ。私たち少年の好奇心は炎と化し、みんなで一緒に見る約束をした。

当日は、その中学生を中心に小学生七、八人が、まだ明るいうちから海辺の空地に集った。空飛ぶ円盤や、クラゲそっくりの火星人について口々に喋り捲る。それでも時間が経たず、何度も何度も時計を見に家へ帰った。流れ星を見つけては願いをかける。「人工衛星、じんこう、じ」誰も三回唱えることはできなかった。待ちくたびれて、次第に口数が少なくなる。そのとき、「あっ、あそこじゃ」中学生が星空を指差した。必死でその方を見つめる。

「本当じゃ」と、次々に声があがる。しかし私だけ、幾ら捜しても見つけられない。見かねた中学生が、私の顔の前で指差してくれた。それでも見つからない。焦燥で体が熱くなる。いい加減に、見えたと嘘を言おうとしたそのとき、星屑の中を動く黄色い小さな星。本当に見えた。人工衛星だ。明日は学校で自慢できる。絶対に宇宙旅行をしよう。私たちは皆、その日を夢見て家路についた。

その後、私は一人で夜空を見上げては宇宙探険を空想していた。やがて星空の美しさに気付き、青春期にはその神秘さに、涙がこぼれそうになった。また、恋人と一緒に眺めるような、ロマンチックな感傷に陥ることもあった。それなのに、ヴェルヌの『月世界旅行』を夢見た少年も、現実に気が付くと徐々に関心が薄れて行った。そして古希が忍び寄る今では「美しい星空だ」と、ごく当たり前に感嘆できても、胸がときめくことはない。

一緒に宇宙旅行を夢見た、あのときの友はバラバラになり消息を知らない。ただ確かなことは、絶対に誰もその夢を実現していないことだ。

いろんな夢のような夢を見てきた。そのほとんどが実現不可能なものであった。ましてや、こんな荒唐無稽なものは言うに足らずと自分で一笑する。それでも星を眺めていると吸い込まれそうになる。もしかしたら、少年時代のような見果てぬ夢を見るのだろうか。

胸がときめきそうだ。

# 霧の中の不思議な出来事

報道によると、中高年登山者の遭難事故が増えているそうだ。それも初心者だけでなく、経験者が意外に多いという。要因の一つとして、体力の衰えに気付かず若い頃の感覚で登山することが挙げられていた。

あれから二十年近くが過ぎた。北アルプス後立《うしろ》山連峰へ山行したのは九月初旬だった。以前、白馬岳から唐松岳は登っていたので、残りの五竜岳から針ノ木岳を縦走しようとしたのである。

麓から眺めると、山々の尾根は霧ですっぽりと隠されていた。私の勘では、雨は降らない。五十路が目前といっても体調がよく快調に高度を稼いだ。

唐松岳山荘付近の尾根に立ったのが午後四時ごろ。周囲は濃い霧に包まれ何も見えない。無理をして五竜岳まで足を伸ばすと明日が楽だ。余力は十分で、二時間以内で到達できる。だが、単独行のうえ視界がきかず時間も遅い。私は判断に迷っていた。

そのとき突然、薄日が差したかと思うと、霧の中に巨大な人影が出現した。自分の影だ。頭部には燦然と輝く虹色の輪。ブロッケン現象である。その神秘的な現象にしばらく呆然としていた。きっと良いことが起こる。私は唐松山荘へ泊まる安全策を選んでいた。

翌日も濃い霧であった。五竜岳を過ぎると急に人影が消えた。霧は濃く、感覚的な視界は百メートル以下。小さなピークが水墨画のように浮かび幻想的に見える。まるで童話の世界にいるようだ。長時間、霧の中にいると奇妙な感覚にとらわれてきた。空中を飛翔している気がするのだ。

最大難所の八峰キレットに差し掛かった。岩場の目印をはずさないように全神経を集中すると、ようやく正気に返った。

難所を通過し、昼食にリンゴを一個かじった。山友だちから、「高尾さんは不思議な人だ。食べないのに段々と元気になってくる」とよく言われた。自分でもそう思う。山行きの前には食事を多めにとっていても、備蓄されているとは本気で考えていない。おそらく一定の期間が過ぎれば一気に消費するものと覚悟していた。

鹿島槍岳の南峰頂上に立ったのが午後四時。誰もいない。お山は自分だけのもの。満足感に酔いしれた。目的地の山小屋へ、緩い下りを駆けるように下った。

午後五時半頃に着いた。従業員の女性に宿泊の申し込みをしようとし唖然とした。声がかすれ、うまく発声できないのだ。肩に食い込んだザックを降ろし、腹から搾り出すと嗄れた声が出た。

「どちらからこられたのですか?」心配そうに彼女が尋ねた。「唐松からです」

「エーッ」信じられないと彼女は目を丸くして、ひ弱そうな私の全身を眺め回した。

すでに夕食を終えた食堂に、先ほどの女性が食事を運んでくれた。遅く来たことをわび、ご飯を口へ入れようとした。と同時に、激しい吐き気に襲われた。私は動揺した。体力は余裕があるはず。それなのに体が受け付けない。自覚以上に疲労しているのだ。それに気づいた女性が、男性従業員を連れてきた。二人とも本気で心配してくれる。何を食べたか覚えてないが、水分の多い副食がやっと喉を通った記憶が残っている。

喚声があがった。西を見ると一瞬、霧が薄れ日没直後の赤い空が見えた。そこにはくっきりと剱岳のシルエット。こんな風景は一シーズンに何度も無いという。その間、数分もなかった。

翌朝、睡眠がとれたのか疲労感が無い。朝食も完食した。出発しようとすると女性従業員が、「今日はここで休まれてはいかがですか？　天気も不安定だし」と気遣ってくれる。私の顔に、疲労が見られるのだろう。だがそれを意識できない私は、笑顔で強くお断りした。

今日も深い霧。昨日と違い動いている。雨具を用意しようと足を止めた。傍らにチングルマの群生があった。花は散り、羽毛状態になっている。来夏はまた白い花を咲かせるのだろう。「安全第一」霧の中から、あの女性従業員の声が聞こえた。私は決断した。分岐点にさしかかると下山の道を選んだ。

今考えると、この記憶はどうもおかしい。おそらく彼女の言葉が頭に浮かんだだけに違いない。それをいつの間にか、幻聴を聞いたように都合よく思い込んでいるのだ。そうでなければ、彼女は間違いなく山の女神である。

四時間後、私は無事に登山口へ到着していた。

# 洋間を見るネコ

妻が米国に旅立った。

アナーバ（米国ミシガン州）に住む長男夫婦に赤ちゃんが生まれ、三歳と五歳になる孫の世話をするためだ。

仮の一人暮らしが始まった。知人たちが、

「家事が大変でしょう」とか「寂しくないですか？」などと心配してくれる。時には、

「ええなぁ」と羨望されることもある。

だが心配はご無用。若いころは身内もなく、一人で生活していた。したがって独り暮らしのノウハウがあり孤独にも強い。それにネコのクロがいる。家事が済めば、後はルンルンの独身だ。一人でちょっと長めの旅ができる。南国の砂浜で満天の星に吸い込まれたい。酒を片手に、星月夜の雪景色に時を忘れる……。

（ワシは、どうなるんなら？）。クロが不機嫌な顔をしている。

クロの住居は、玄関のタタキに置いた三層のネコハウス。出入りできる部屋は洋間のみ。ただし自由にではなく、妻が抱っこすることが条件である。それでも至福の時らしく、いつも喉をゴ

ロゴロ鳴らしている。人と一緒に過ごすことは、飼いネコにとって快適な環境なのだろう。人もネコもみんな家族なのだ。もっとも、動きたくなると甘え噛みし、後ろ足でネコキックする。とどのつまりは叱られてハウスへ帰らされるのが常である。

数週間経ったころ、洋間のドアをじっと見続けるクロに気が付いた。ミミズクのように、まん丸な目をして微動だにしない。どうやら妻がドアを開けるのを待っているようだ。ただ本能的に異変を察しているのか、どことなく寂しげに見える。

生まれて一月も経たないのに、親兄弟と引き離され捨てネコになったクロ。家族が欠ける寂しさを憶えているらしい。似たような境遇で育った私にはよく分かる。家族の絆は断ちがたいものなのだ。だが今は家事が忙しくて、そんなことを考えている余裕などない。

一月ほど経って妻からメールが来た。アナーバはマイナス二十度になる。家の中は暖かで赤ちゃんは元気。という一方的な二行の文である。バァバ時代を謳歌中で、私とクロのことは全く気にならないようだ。返信はしない。クロに猫なで声で話してやる。迷惑そうに私の顔を見る。（自分の都合でしゃべるな。ワシは眠たいんじゃ）。

妻はビザが必要になる前に帰国した。中部国際空港（セントレア空港）へ迎えに行く。前夜、名古屋の旧友と再会し、いささか二日酔い気味だ。

「アイム　ホーム」などと喋ったらどうしようかと考えていると、到着ゲートから妻らしき人物が現れた。だが、判断を迷った。似ているが顔だけが細い。それに連れの女性がいる。酒が残っているのかと疑いながらもう一度見る。上を向いた鼻は妻に間違いない。互いに岡山弁で声をかけ、日常と同じように再会する。長年連れ添った夫婦とはこんなものだろう。

問えば、連れの女性とは機内で親しくなったという。さすがはネアカな妻だ。私と違って、誰とでも仲良くなれる性分には脱帽する。

それにしてもやつれている。昼夜逆転の時差ぼけだけではなさそうだ。元気者でも平素からしつけない家事が堪えたのだろう。それでもホッとしたのか口は軽い。

みんな元気で六月には帰国できそうと一気に喋る。一息つくと思い出したように、

「クロは?」

「生きとる」


帰宅して玄関を開ける。気配を察していたクロは、ネコハウスでお座りして待っていた。私たちの顔を見ると立ち上がり、尻尾をピンと立てクルクルと回る。喜んでいる。ネコとはいえ、家族が一緒に生活するということは重要なことなのだ。

(ワシはこれで、お気に入りの洋間へ入れてもらえる)。

# おわりに

身体の老化は仕方がないが、心のそれは防ぐことができる。そう思って日々を過ごしている。過去は思い出、明日は夢。情を求めて　生きる今。

古希の記念にと妻から勧められた。躊躇したものの、作品が散逸しないよう一冊に集約した。心の一端なので、しばらくは残しておきたい。

出版に当たり多くの方のお世話になった。(『関西文學』の方たちとは一度もお目にかかることはなかった。申し訳なく思っている)。皆様方には、この場を借りて深謝するとともにお礼申し上げたい。

二〇一八年一月

高　尾　通　興

# 初出一覧

## 第一章（『関西文學』）

老い入れ『関西文學』第二七号（平成十三年八月八日）
小鳥の来る庭『関西文學』第四十二号（平成十六年四月八日）「メジロの春」改題
午後二時の影絵『関西文學』第二九号（平成十三年三月八日）
ヤモリ来る日々『関西文學』第六十四号（平成二十年三月八日）
名無し猫『関西文學』第六十二号（平成十九年七月八日）

## 第二章（新聞エッセイ・『エッセイでふるさと再発見』）

畳替え「毎日新聞岡山県内版」（平成二十四年六月二十三日）
メバルのほっぺた「毎日新聞岡山県内版」（平成二十四年十月一日）
電車に乗る人「毎日新聞岡山県内版」（平成二十五年三月二日）
診療所の片隅で「山陽新聞夕刊」（平成二十五年六月二日）
鍵の首飾り「毎日新聞岡山県内版」（平成二十五年十月二十六日）
待ち遠しい朝「山陽新聞夕刊」（平成二十六年三月二十日）
優先席には座らない「毎日新聞岡山県内版」（平成二十七年五月十六日）
自転車の少女「毎日新聞岡山県内版」（平成二十八年八月一日）
若年高齢者「毎日新聞岡山県内版」（平成二十七年十二月五日）
腹時計「山陽新聞夕刊」（平成二十八年二月十八日）
まさか「毎日新聞岡山県内版」（平成二十八年十月一日）
時刻表「山陽新聞夕刊」（平成二十八年十一月十七日）
あんずの古木（新見）『エッセイでふるさと再発見』第四回（平成二十四年十月）

ちょっとした発見（津山）『エッセイでふるさと再発見』（第五回）（平成二十五年五月）
リピーターのささやき（玉島）『エッセイでふるさと再発見』（第六回）（平成二十八年十月）
邂逅の後楽園（岡山）『エッセイでふるさと再発見』（第七回）（平成二十七年十月）
音の三白（児島）『エッセイでふるさと再発見』（第八回）（平成二十八年十月）

## 第三章（書き下ろし／平成二十四年〜平成二十六年）

散歩人（平成二十四年十二月）
年の初めに（平成二十五年一月）
学校給食のある風景（平成二十五年三月）
病院でのこと（平成二十五年五月二十五日）
森を歩く（平成二十五年九月）
マツムシソウの咲くころ（平成二十五年十月十九日）
蕎麦の花（平成二十五年十一月二十三日）
黄八丈の小銭入れ（平成二十五年十一月二十一日）
朝の通行人（平成二十六年一月）
雪降る日（平成二十六年三月十八日）
不思議な犬（平成二十六年四月十九日）
モクレンの咲くころ（平成二十六年五月二十四日）
猫（平成二十六年八月二十三日）
ウスユキソウが咲いていた（平成二十六年十月十八日）
フクの味（平成二十六年十一月二十二日）
祝（平成二十六年十二月二十日）

**第四章**（書き下ろし／平成平成二十七年～平成二十八年）

イヌとネコ（平成二十七年一月二十四日）
ソテツと「島歌」（平成二十七年三月二十一日）
黒糖の島（平成二十七年三月）
花の出会い（平成二十七年三月）
和製ファストフード（平成二十七年六月二十六日）
許してやろう（平成二十七年七月）
記憶に残る旅（平成二十七年十一月二十一日）
和製文字（平成二十八年一月二十三日）
運（平成二十八年二月二十日）
ある日の三景（平成二十八年五月二十一日）
梅の熟れるころ（平成二十八年六月十八日）
梅雨空に思う（平成二十八年七月十六日）
運動会のこと（平成二十八年八月）
車無き日々（平成二十八年十月二十二日）
あした天気になあれ（平成二十八年十一月）
植（平成二十八年十二月十七日）

**第五章**（『位置』十一号～十五号）

名前が二つある猫『位置』第十一号（平成二十五年四月）
ある小さな冒険『位置』第十二号（平成二十六年年四月）
見果てぬ夢の隅で『位置』第十三号（平成二十七年年四月）
霧の中の不思議な出来事『位置』第十四号（平成二十八年年四月）
洋間を見るネコ『位置』第十五号（平成二十九年四月）

略歴

髙尾　通興（たかおみちおき）
昭和二十二年生れ
岡山県在住
岡山県エッセイストクラブ会員

随筆集　ふるさとの春

発　行　二〇一八年一月三十日
著　者　髙尾通興
発行者　西　規雄
発行所　和光出版
〒七〇〇―〇九四二
岡山市南区豊成三―一―二七
電話（〇八六）九〇二―二四四〇
印刷製本　昭和印刷株式会社

ISBN978-4-901489-54-6　¥1200E
定価一二〇〇円＋税